汉英广告语言对比研究

李 娜 / 著

A CONTRASTIVE STUDY OF LANGUAGE IN CHINESE AND ENGLISH ADVERTISEMENTS

中央编译出版社
Central Compilation & Translation Press

图书在版编目(CIP)数据

汉英广告语言对比研究／李娜著.
—北京：中央编译出版社，2014.10
ISBN 978-7-5117-2337-6

Ⅰ.①汉…
Ⅱ.①李…
Ⅲ.①广告学-语言学-对比语言学-英语、汉语
Ⅳ.①F713.8 ②H31 ③H1

中国版本图书馆CIP数据核字(2014)第225069号

汉英广告语言对比研究

出 版 人：刘明清
出版统筹：贾宇琰
责任编辑：饶莎莎 郑晴蕾
责任印制：尹 珺
出版发行：中央编译出版社
地 址：北京西城区车公庄大街乙5号鸿儒大厦B座(100044)
电 话：(010)52612345(总编室) (010)52612342(编辑室)
(010)52612316(发行部) (010)52612315(网络销售)
(010)52612346(馆配部) (010)66509618(读者服务部)
传 真：(010)66515838
经 销：全国新华书店
印 刷：北京紫瑞利印刷有限公司
开 本：140毫米×210毫米 1/32
印 张：9.5
版 次：2014年10月第1版第1次印刷
定 价：38.00元

网 址：www.cctphome.com
邮 箱：cctp@cctphome.com
新浪微博：@中央编译出版社
微 信：中央编译出版社(ID: cctphome)
淘宝店铺：中央编译出版社直销店(http://shop108367160.taobao.com)

本社常年法律顾问：北京市吴栾赵阎律师事务所律师 闫军 梁勤
凡有印装质量问题，本社负责调换，电话：(010)66509618

目　录

前　言

法国著名新闻工作者罗培尔·凯兰曾说：“我们呼吸的空气是由氧气、氮气和广告组成的。”（转引自陈云冈，2002：p10）确实，广告在我们生活中所占的分量非常大，可以说我们是处于一个被广告包围的时代。而在诸多因素之中，广告语言对人们的影响力是不容忽视的，许多人记不住广告里面的模特为何许人，甚至产品名称是什么，但是常常能脱口说出一些经典的广告语。有些广告语甚至产生了“溢出”效应，进入了人们的语言生活，比如“身体倍儿棒，吃嘛嘛香”、“地球人都知道”、“不要太潇洒噢”。在2004年的高考中，很多城市把广告语的创作纳入了语言考察。如山东、安徽、河南、河北等地使用的全国卷中都出现了这样的题目：请拟一条以“说普通话”为内容的公益广告词。要求主题鲜明，态度真诚，构思新颖，语言简明。无独有偶，同年吉林、四川、黑龙江、甘肃等地使用的全国卷中也出现了类似的题目：请拟一条以“公民义务献血”为内容的公益广告词，要求主题鲜明，感情真挚，构思新颖，语言简明。广告语言在人们语言生活中的重要性，由此可见一斑。

国内外很多学者（如 Leech、Vestergaard、Guy Cook、于根元、曹志耘等）都对广告语言进行了定位、理论、原则和历史等方面的探讨，明确了广告语言是应用语言学的重要内容。“广告语言属于应用语言学，是应用语言学里社会语言学的分支学科，因为它的发展变化等跟社会发展变化等的关系很密切。”（于根元主编：《广告语言概论》，2007：p1）对汉英语广告语言进行对比研究，可以帮助我们从跨语言和跨文化的角度更深入地思索有关广告语言的理论和应用，具有重要的学术意义和社会价值。

第一章　广告与广告语言

1.1　广告语言的概念与特征

广告，并非新时代出现的新事物。随着商品交换的出现，人们自然产生了宣传的愿望，随之就诞生了形形色色的广告。

广告一词源于拉丁语 adverture，意思是："唤起大众对某种事物的关注，同时诱导于一定方向所使用的一种手段。"（王军元，2005：p1）在遥远的中国古代已经出现了"幌子"、"告白"、"仿单"、"招贴"等称呼，但是直到大约十九世纪末叶，中国报刊上才开始出现"广告"这个术语，延至二十世纪二十年代，"广告"一词方得以广泛使用。

很多国家的广告历史都可以追溯到很早。如日本首次将 advertising 译成"广告"是在明治五年左右（公元 1872 年），到 1887 年才统一使用这个名词。在此之前，日文中存在着很多不同的表述，如"报条"、"告条"、"引札"、"报

告”、“告白”、“告知”、“弘告”、“公告”等，都表达了这一概念。（于根元主编，2007 : p24）

对于广告的概念，不同的研究者有不同的界定。如在《简明大不列颠百科全书》中，对于广告的定义是 :“传播信息的一种方式，其目的在于推销商品、劳务，影响舆论，博得政治支持，推进一种事业或引起刊登广告者所希望的其他反应。广告信息通过各种宣传工具，其中包括报纸、杂志、电视、无线电广播、张贴广告及直接邮寄等，传递给它所想要吸引的观众和听众。广告不同于其他传递信息形式，它必须由登广告者付给传播信息的媒介以一定的报酬。”（转引自王军元，2005 : p1）该定义的关键词有 : 传播、目的、有偿。

《辞海》给广告下的定义为 :“通过媒体向公众介绍商品、劳务和企业信息的一种宣传方式。一般指商业广告。从广义来说，凡是向公众传播社会人士动态、文化娱乐、宣传观念的都属于广告范畴。”（《辞海》，上海辞书出版社，2000 : p1020）该定义的关键词有 : 宣传、狭义、广义。

1932 年，美国专业广告杂志《广告时代》（Advertising Age）公开向社会征求广告定义，得票最多的入选定义是 :“由广告主支付费用，通过印刷、书写、口述或图画等，公开表现有关个人、商品、劳务或运动等信息，用以达到影响并促成销售、使用或赞同的目的。”（胡曙中，2007 : p210）该定义的关键词有 : 有偿、媒介、目的。

迄今为止，经过几次修改而影响较大的还是 1948 年由美国营销协会的定义委员会（The Committee On Definition of The American Marketing Association）为广告所拟定的定义：

> Advertising is the nonpersonal communication of information usually paid for and usually persuasive in nature about products, service or ideas by identified sponsors through the various media.（广告是一种非个人式的信息传播，是由身份明确的广告主以付费的方式通过各种传播媒介对产品、服务或者观念进行劝服性的介绍。）（转引自丁俊杰，1997：p6）

该定义的关键词有：非个人、有偿、媒介、劝服性。

综合以上定义，我们可以发现，在大多数人的心目中，广告包括了“广告主、信息传播、目的性”这些要素，同时也有狭义和广义之分。其实，“广告”一词涵义非常丰富，它既可以指技术，也可以指信息内容，或者是一种活动。这些都是从微观的角度看待广告。从宏观的角度，广告可以是一个国家或者地区运用其技术手段，浓缩本国或本地区文化、价值、喜好、习俗的平台。（胡曙中，2007：p212）

我们认为，在广告的基本要素中，应该包括明确的广告主、信息和媒介。其中，语言是广告信息的重要载体。结合目前媒介传播广告信息的现状，我们可以认为广告语言也有广义和狭义之分。广义的广告语言涉及“语言”的一个广义的用法，或者称为大语言观，指广告传播中运用的各种语言手段。除了狭义的语言文字以外，主要还有图形、照片、色彩、灯光、音乐、音响、实物、布局装饰、录像、演员的体态语等。（曹志耘，1992：p2）而狭义的广告语言专指广告传播中运用的纯语言和文字手段。

本书中，我们主要针对广告的纯语言手段，即广告的语言文字部分进行研究，从这种意义上来讲，我们研究的是狭义的广告语言。自古代延至今时的“叫卖”、平面媒介、电子媒体中的文字等就属此类。而其他的语言手段，如图像和画面、色彩、编排、音乐等虽然对于广告传播也很重要，但是如果不是和烘托文字效果关系紧密，也不在我们的考查之列。这样界定是有一定原因的。首先，语言文字手段比非语言文字手段更容易储存和呈现；其次，当代广告，无论是印刷媒介还是电子媒介，都离不开对纯粹语言文字的使用；另外，纯语言文字在广告中自古代沿用至今，具有稳定性和延续性；最后，语言文字手段和非语言手段在广告中的语用功能没有本质的差异。所以，我们专注于广告中语言文字手段，并不会造成研究客观性和全面性的缺失；当然，这同时意味着有一些特殊类别产品（如网络游戏产品、音像产品等）广告实例因为对于非语言手段的过分依赖，不能被纳入到我们的考查中。

本书的研究主要基于汉英两种文化背景下的广告语言，

对其进行语音、语法及语用等各种维度上的对比研究。首先，我们有必要厘清“对比”的内容和所指。

“比较”和“对比”在语言研究和语言实践中是经常出现的字眼，常被混为一谈。其实在学科研究中，它们有着本质的区别。在语言学范畴中，对比语言学（contrastive linguistics 或 contrastive analysis）和比较语言学（comparative lingusitics，comparative philology 或 comparative grammar）是语言学中相互联系又有本质区别的两个分支。它们的联系在于两门学科都以两种或两种以上的语言为研究对象，通过“对比”和“比较”来揭示其本质特征；然而各有不同的研究目的和研究方法（Hartman, R.R.K. & Stork, F.C.A, 1976）。

比较语言学属于历时语言学（diachronic），其目的主要是求同。而对比语言学属于共时语言学（synchronic），它是对两种或两种以上的语言作共时的、常为静态的考察和分析，指出它们中各个层次，即语音、词汇、语法、语义、篇章等之间的相似之处和不同之点，并努力运用哲学、心理学、民族学等各学科的知识与理论去阐释这些不同之点所产生的根源，其主要目的是觅异。

但作为研究方法，“比较”和“对比”是密不可分的。所谓比较就是“对两种或两种以上同类事物辨别异同高低”（《现代汉语词典》，2002：p99）。人类研究事物、认识事物离不开比较，对各种语言现象的阐释是建立在比较分析之上的。“要认识汉语的特点，就要跟非汉语比较”，“无论语音、词汇、语法都可以通过对比来研究”。（吕叔湘，1977）[1]从吕叔湘先生之言可以看出，作为研究方法的“对比”和“比较”常常是你中有我，我中有你，难分彼此。

在本研究中，作者主要进行的是对比语言学意义上的研究，即针对英语和汉语中的广告语言现象，作共时的考察和分析，指出它们中各个层次，即语音、词汇、语法、语义、篇章等之间的相似之处和不同之点，并努力运用哲学、心理学、民族学等各学科的知识与理论去阐释这些不同之点所产生的根源。但是当然，所有的对比研究都是植根于“比较”之上的，即我们首先要看到两者之间存在的相同之处——都作为商品信息的重要载体，广泛地存在于两种语言之中，体现出两种文化的特质。为了行文上的统一，标题、正文等各处所使用的“对比”[2]，其实既包括了对相同之处的比较，也包括对相异之处的对比。

---

[1] 1977年5月，吕叔湘先生在北京语言学院发表了《通过对比研究语法》的演讲，后来整理成文在《语言教学与研究》试刊1977年第2期上发表。

[2] 一些学者（如潘文国、王宗炎等）认为语言研究中的比较，可以是在同一种语言内部进行的，也可以是在不同的语言之间开展的；可以是历时的，也可以是共时的。所谓对比研究，是其中的一种，是对两种或两种以上的语言进行共时的比较研究，描述它们的异同，尤其是不同之处。

1.2 广告语言的特征

要了解汉英广告之间的异同，我们首先应该知道广告语言的基本特征都有哪些。很多学者都从不同的角度，对于广告语言的特征进行过阐述，其侧重点都有所不同。有的侧重于其商业特点，有的侧重于其交际功能，有的侧重于其语用功能。在众多的研究者中，Guy Cook 可谓是集大成者。

Guy Cook 是广告语言研究领域内不可不提的一位前辈。他提出，一条广告就是一个文本。Guy Cook（1992：p214）为广告文本总结出如下特点：

1）求新求异

2）以影响受众的行为为目的

3）经常改换形式

4）不是严肃作品

5）不是受众主动要求的

6）以杂志报纸、电视电台等传播工具为载体

7）所用语言有正式的、也有非正式的；语气既可亲，又郑重

8）常以象表意

9）依附于其他文本

10）常受到社会的、道德的、美学的批评

11）常制造歧义

12）常引发争论

13）形式多样，主要表达工具是画面、音乐和语言

14）语言有书面、口头的，也有的以歌唱的形式

15）强调对亚语言的运用

16）讲求对隐含意义、模糊意义和比喻意义的表达

17）常用排比手法

18）常用性别词汇

19）讲求用典

20）用时简短

21）常变策略

22）身价受所依附的文本的影响

23）使人愉悦

24）玩代码游戏

25）有演示性和重复性

26）讲求语言艺术，语言受客户需求的制约

27）对新技术和新媒体接受快

28）必要时会创造需求

29）销售的不仅是产品，还有生活方式

30）是大众交际的形式之一

这些特征几乎涵盖了之前的研究者对于广告语言特征所做的所有论述，属于比较有代表性的总结。我们通过观察可以发现，有一些是属于上位性的特点，比如求新求异（1），其具体表现形式可以是通过经常改换形式（3）、改

换语域（7）、制造歧义（11）、多样化形式（13）、多样化语体（14）、用典（19）、代码游戏（24）、用新技术新媒体（27）等来实现；还有使人愉悦（23），其具体表现形式可以有非严肃作品（4）、以象表意（8）、运用亚语言（15）、运用模糊语言（16）、排比手法（17）、代码游戏（24）等，另外其目的性（2）是通过劝服受众（5）、利用载体（6）、创造需求（28）、推介产品和生活方式（29）等来实现的。总而言之，它的基本特点就是交际性（30）。本书所做的研究，是基于广告文本在汉英语言中上位性的基本特征，即其词汇上的创新性、句式上的经济性和修辞上的生动性来进行对比研究，以发现其语言特征和文化特征之间的依存和相互影响关系。

1.3　汉英广告语言对比的基础、原则和方法

进行语言对比，就是在两种亲属或非亲属的语言之间、或者在一种语言的两种形式之间研究，找出异同点及其存在（形成）的背后原因，以加深对其性质和特点的了解。这种研究分为两种，一种是侧重点放在不同点上的语言对比，另一种是侧重点放在相同点上的语言比较。

国内的汉英对比研究很早就开始了，早有严复的《英文汉诂》，另外马建忠、黎锦熙、赵元任、王力、吕叔湘等都对汉外对比研究做出了重要的贡献。其中赵元任和吕叔

湘在汉英对比研究方面有着卓越的建树。赵元任曾经总结说："所谓语言学理论，其实就是语言的比较，就是世界各民族语言综合比较研究的科学结论。"（转引自王力，1983：p40）吕叔湘也有类似的论述："只有比较才能看出各种语言表现法的相同之点和特殊之点。"（《中国文法要略》上卷初版：例言，1942）。吕叔湘曾经强调过进行语言对比研究的必要性："一种事物的特点，要跟别种事物比较之后才能显示出来。比如人类的特点——直立行走，制造工具，使用语言等等，都是跟别的动物比较才认出来的。语言也是这样。要认识汉语的特点，就要跟非汉语比较；要认识现代汉语的特点，就要跟古代汉语比较，要认识普通话的特点，就要跟方言比较。"（吕叔湘，1977：p21–33）1947年他出版了《中国人学英语》[1]，明确指出了"对于中国学生最有用的帮助是让他认识到英语和汉语的差别"。（中国社会科学出版社，2005年再版，序言）1977年他发表了"通过对比研究语法"的著名演讲，1978年开设了汉英对比语法的硕士专业，1990年他为《汉英对比研究论文集》（上海外语教育出版社，1990）题词："指明事物的异同所在不难，追究它们何以有这些异同就不那么容易了。而这恰恰是对比研究的最终目的。"

国外的应用语言学研究一般指语言教学，对比研究作

---

[1] 吕叔湘《中国人学英文》，1962年再版时改名《中国人学英语》。

为应用语言学的一个分支学科，也多与语言教学紧密相连。国内外语学界所作的对比研究沿袭了国外的应用语言学传统，如王宗炎 1983 年在《对比分析和语言教学》中把对比研究分为两种：纯理论研究和供教学使用的研究。前者要求严格、详尽；后者要求抓住重点。赵世开 1985 年在“英汉对比中微观和宏观的研究”中指出：汉英对比研究不仅限于教学的目的，它也可用于语言结构普遍现象的理论研究，甚至结构分析中方法论的探讨。不过它跟语言教学关系十分密切，一般都把它列入应用语言学的范围。1991 年刘宓庆在“汉英对比研究的理论问题”中说，“对比语言学是很有发展前途的一门应用语言学科”，1992 年许余龙的《对比语言学概论》中也提到，对比语言学是语言学中的一个分支，其任务是对两种或两种以上的语言进行共时的对比研究，描述它们之间的异同，特别是其中的不同之处，并将这类研究应用于其他有关领域。

通过研究不同语言之间的相同及不同，可以揭示语言发展的特点，指导语言政策的制定，发展语言教学，加强民族和国家之间的交流，突破跨文化交际方面的局限，推动教学、翻译、商务、出版等方面的工作。因此，语言对比研究是语言研究一个不可或缺的部分。

本文对于汉英两种语言中的广告进行对比研究，是建立在对于东西方不同思维方式、不同语言哲学观的考查之上，在应用语言学的大理论框架之下，对汉语和英语的广告语言进行历时和共时的对比研究，观察两种语言结构上存在的相同之处、相异之处、同中有异、异中有同之处，探索表层语言结构背后所存在的深层社会文化因素，兼顾注重理论建树和应用研究两个方面，以总结出广告语言具有普适性的语言特点和具有独特性的民族文化特点。

1.3.1 汉英广告语言比较的哲学基础

1. 哲学与语言及语言哲学[1]

哲学是关于世界观和方法论的学问，是指导具体科学研究的基础，是人类对于终极意义的探究。不研究哲学，不善于从哲学层面思考自己的研究对象和研究方法，就会使自己的研究陷于盲目性。对于语言的研究同样如此。“语言是所有人都有的，同时只有人类才有。”（陈嘉映，《语言哲学》，2003：p1）人类对于自身所处世界的好奇使他们从没有停止对语言的研究活动，这一点从柏拉图的话语中可得以印证：“语言这个题目也许是所有题目中最重大的一个。”（同上：p2）如陈嘉映所说：“语言又与历史、艺术等等不同，语言和概念的关系更为紧密，乃至我们经常无法区分概念和语词，于是一切概念考察都是语词考察，语言哲学就不再是哲学的一个分支，而是哲学本身了，或者说

[1] “语言哲学”有广义和狭义两个范畴。广义范畴指不分人文学科还是自然学科，对语言的系统思考都可归入“语言哲学”的名下。狭义范畴特指二十世纪以语言为主要课题的哲学研究。这里指的是狭义的“语言哲学”。

是‘第一哲学’。”（同上：p4）

哲学同语言有着紧密的联系，中西方不同的哲学传统也体现在不同体貌的语言实践中。从语言哲学的层面上进行比较分析，对于中西方思维（整体与个体，悟性与理性，曲线与直线，抽象与具象）和语言（形态与语义，意合与形合，柔性与刚性）等差异及其原因的研究，具有深刻的意义，可以帮助我们理解这两种语言与其所依托的思想文化背景有着怎样的联系，从而更好地服务于语言使用。

2. 中西语言哲学传统及汉英语言

西方哲学家对语言哲学的研究可追溯到古希腊苏格拉底、柏拉图和亚里士多德时代，而我国这方面的探讨早在春秋战国时代就开始，可谓历史悠久，影响深远，是世界整个语言哲学研究中不可多得的财富。

早在春秋战国时代，诸子百家就非常重视语言问题。以孔子、孟子、荀子为代表的儒家语言观当时关注的焦点之一就是“名”与“实”关系问题。名实之争反映在哲学上是世界本原的问题，反映在语言学上就是词语和客观事物的关系。概括起来，名实之争中涉及到的语言问题主要有：语言和社会存在的关系；语言和政治伦理之间的关系；语言和逻辑思维的关系，这主要涉及词和概念、辞和意、辩说和论据等问题。

很多思想家都提出了比较科学、系统的看法，如在《论语·子路》中，子曰：“名不正，则言不顺；言不顺，则事不成；事不成，则礼乐不兴；礼乐不兴，则刑罚不中；刑罚不中，则民无所措手足。故君子名之必可信也，言之必可行也。君子於其言，无所苟而已矣。”孔子重视“正名”，认为语言的重要性主要体现在它对于社会秩序的维持之上，“名正言顺”是实现井然秩序的关键。同时，言论、辩说都应服从于维护“正名”的需要。孟子基本上遵循了孔子“正名”的思想。简言之，儒家关于言、辩、名、实的思想通常围绕“正名”这一核心，站在维护周礼的立场上，以仁、义、礼为最高规范，认为语言可以用来治理混乱的社会，使之符合“礼”。这是一种实践论的语言观。

墨家也表达了对于“名”和“实”的关注。墨子《墨子·经说上》说：“所以谓，名也；所谓，实也。”名是用作称呼的，实是所称呼的事物。而且强调了实是第一性的，名是第二性的；名实要一致。因为墨子《墨子·经说下》说：“有之实也，而后谓之；无之实也，则无谓也。”《墨子·经说上》又说：“名实耦，合也。”但是墨家所提倡的“正名”和儒家有所不同。儒家是为了维护周朝的统治，而墨家所说的则是“在更为广泛的意义上要求说话的人准确地使用词语”。（何九盈，2000：p122）

而道家的代表——老子最出名的当属他的“常名”说，体现了超语言学的特点。在先秦诸子中，老子是第一个提出“常名”说的，《老子》首章有：“道，可道，非常道；名，可名，非常名。”这里的“常名”是对“常道”的定名，与一般的“名”不一样，是“常道”的符号化，仅具有符号的意义。他的“常道”和“常名”具有哲学上的意义，指形而下世界的或现象世界的名实关系问题。由此可见，道家的语言观显现出鲜明的超语言学的特点，具体表现就是道家对语言的态度是“即言即不言”，“即辩即不辩”，也就是“即言即道”。这种语言观充分反映了道家对语言持一种开放的态度，重视体悟，让人成为语言的主宰而不是被语言所主宰。

中国哲学传统中对于“名实”的思考、对于“道”和“名”的探讨，体现了重实践重体悟的语言哲学传统，体现了感悟大于理性的东方语言文化。中国文化的主流是以直觉和体悟为特征的感性文化，中国人的认识方式，也是从事物外观入手，“观物取像”、“近取诸身、远取诸物”，通过直观的感悟，从万象中提炼出共象，作为象形符号来“通神明之德，类万物之情”。汉语的特点，像徐通锵总结的那样，汉语之所以属语义型语言，是和汉民族的“比类取象”、“援物比类”的思维方式紧密相连。（徐通锵，1997：p49–51）

西方语言哲学可以追溯到古希腊，突出的代表人物有赫拉克利特、柏拉图和亚里士多德。他们在探讨认识论问题时，就提出关于语言的哲学的观点。

赫拉克利特是古希腊唯物主义和辩证法的主要代表。他认为语言是认识实在的普遍规律性的主要源泉，他把这种普遍规律性称为“逻各斯”（logos），这和古汉语中的“道”有颇多相通之处。实际上就是指抽离了实物具体形象的抽象符号（如语言）以及语言所体现出来的思维规律及其思维对象自由的规律，逻各斯是一切的住在，是奠定一切的基础。将这种思想发扬光大的是亚里士多德的形式逻辑和柏拉图的理性学说。前者的语言哲学是一种“约定说”（语言意义的约定说），是一种积极的哲学语言观。他认为逻辑是思维用语言获取知识的工具。亚里士多德实际上创造了科学语言的基础，而西方现代语言哲学在很大程度上在对语言作逻辑分析。

文艺复兴之后，经过近代语言哲学家更深入地讨论了“思维—语言—实在”的三元关系，积极语言观得以发展。继笛卡儿的认识论后，西方现代哲学发生了第三次大转向即语言转向。这次的语言转向确立由“语言的哲学”到“语言哲学”这一新学科的建立。经过哥特洛布・弗雷格、伯特兰・罗素、路德维希・维特根斯坦的发展，西方的语言哲学奠定了西方民族主客二分的思维模式，这种思维模式认为人是认识的主体，外在的客观世界是人的认识对象，认识的过程就是对对象进行观察、分析、加工、整理的过程，由此得到关于对象本身的关系和规律的理论——科学知识。

从中西语言哲学观的发展脉络观察，似乎西方的文化主要是以理性文化和逻辑思维模式为特征的，它的特点是主客二分，首先将认识对象和主体对立起来，并在分析的基础上加以限定和规定，表象为概念层面上的思维运动。这种理性文化铸就了西方民族的理性语言观。西方语言集思维的材料和思想表达的功能于一身，“从一有语言开始，语言在其自身内部就负载着另一种力量：逻辑力量。……语词越来越被简约为单纯的概念的记号。”（索绪尔，高名凯译，1980：p47）就像英语，最终被选择为一种拼音文字，成为剔除实物具体形象的抽象符号。在西方人的理解中，口语是思想的外化，为保存语言而产生的书面文字只是口语的记录工具，只需要设计一套表示声音的符号就可以完成这个目的了，所以拼音文字应运而生。这种语言的特点，就像索绪尔做出的结论：“语言和文字是两种不同的符号系统，后者唯一存在的理由在于表现前者。”（同上）

而和西方逻辑思维和理性文化相比，汉民族文化的主流可能是具象思维，其特点是：（1）其整个思维过程在于观象和取象，人在认识实物时以物象为基础，与对象保持不可分的一体关系，“天人合一”；（2）注重对“象”的整体直观和体悟，作为思维过程和思维结果的“意”也是用浅显易懂的“象”来表示，这种“意象”不需规定的概念表达，具有整体性和全息性，人可以从任何一种全息的物象中和宇宙相沟通，做到“天人合一”；（3）这种思维是以自我为中心的，不仅不排除情感和非理性的作用，而且情感对思维还有重要的制约作用。（户晓辉，2000）这种具象思维的影响，成就了对汉语这种象形表意语言的选择。

3. 中西语言哲学比较的启示

从语言观的角度来看，西方比较注重逻辑分析，这种思维方法开阔了思路，使人们得以从更广阔的背景下观察和思考语言，从而更容易把握语言的本质。西方的科学与技术的逐渐发达，可能与方法论上重形式与逻辑以及研究对象上重外部世界有一定关系。与之相对，中国似乎更注重实践性，是“实践语言观”的一种体现，注重语言在社会生活实践中的体现，以及对社会生活实践的影响。

从语言的角度来看，理性文化和辩证思维选择了英语这种表音性文字，传承其科学理性精神。首先，音和形结合紧密，听话人能够由音知形，但是因为音形是记录语言的符号，所以单纯从形态上很难看出语符包含的语义。这反映了英语民族逻辑思维的特点。正如索绪尔所说，（这种）语言作为一种符号系统，其能指和所指之间没有任何逻辑关系，二者之间的关系是任意的。同时，英语有丰富的词形屈折变化，以表示单词的词性和句子时态等。另外，西方理性语言哲学观催生了乔姆斯基的转化生成语法，发扬了西方哲学传统的分析性优势。他在 1957 年出版的《句子结构》（Syntactic Structures）一书中，用成分分析的术语来进行句法分析，认为任何复杂句子均可抽象为 S → NP +VP 二元结构。其中 NP 和 VP 还可分析为更具体、更基本的成分。而汉民族的感性文化、实践性的语言观、天人合一的整体思维选择了汉语这种表意性文字，传承其文化传统。这种具象思维特点首先在汉字中得以保留，由于汉字在符号化过程中保留了象形性根基，中国人用语言进行思维的同时，强调了“象思维”或者“形象中心主义”的特点。同时，受中国传统哲学的积淀影响，汉语在构词上表现为：命名靠累积，重统一，有较高的概括性和灵活的搭配性。其次，汉语语句、语段多整体重复，句式貌似流散零落，实则内聚统一，明显地体现了传统哲学的整体观。另外，语言研究重实用，所以古代没有出现专门的语法著作。但是音韵学、训诂学和文字学非常发达，这和强调实用性是分不开的。

1.3.2　语言的可比性原则

1. 语言及其结构系统的可比性

许余龙在《对比语言学概论》中这样阐述语言结构系统可比性的问题：首先，尽管语言的内部结构系统有其独特性，但是语言结构系统之间也有不少相同之处。从整个语言的结构系统上来说，语言都可以分为语音、词汇、语法这三个大的分支系统。我们可以认为，在整个语言的结构系统这一层面上，不同语言的这三大分支系统之间是对应的。因为无论在哪一种语言中，语音都代表了语言的物质外壳，词汇都代表了那套音义结合的语言建筑材料的总和，语法都代表了语言中词性变化法和用词造句法的规则的总和。语言之间相对应的这三大系统就构成了可以比较的三个对比层面。从语言的这三大分支系统的内部结构上来说，语言之间也存在着不少相同之处。其次，两种语言在某一对比层面上的对应性是指两种语言在某一方面具有相同和可以类比的地方，而不是完全等同。（许余龙，1992：p38–40）

从语言基本属性和结构系统上来看，英语和汉语之间存在着可比性。首先，从基本属性上来看，它们都是社会的产物，都发挥着交际、思维、传承文化的作用，都必须服从产生、发展和消亡的客观规律。其次，从语音形式来看，英语和汉语都有自己的元音系统、辅音系统、语调、重音和停顿方式以及音节组合规则。第三，从书写形式来看，尽管英语用的是表音文字，汉语用的是方块字，但它们都服从代码化的原则，都是音和义结合的综合符号系统。另外，从词法和句法来看，尽管两种语言在形态变化、词类划分、成分排列、句子结构及概念表达等方面千差万别，但是从现代语言学的观点看，它们都有自己的名词、动词、形容词、代词，都有自己的主语、谓语、宾语、定语和状语，都有叙述、祈使、疑问和感叹句式的区别。

2. 汉英语使用者及其语言使用的可比性

同然不容忽视的是，汉语和英语的使用者对于客观事物或客观现象的感知、理解、判断、记忆和表达的生理机制是相同的，并在使用语言的时候受到相同或相似的语言和社会规则的制约。

当然，这并不是仅仅汉语和英语所共用的，这些共同特征可以推广至人类所有的语言。因为，首先，使用文字和有声语言是人与动物的本质区别，是人类进化和文明发展的结果。不同民族虽然分布在地球表面各处，但都与自然息息相通，他们的语言是与自然全息的，当然或多或少有相通之处。另外，各民族发展的历史漫长而复杂，但是各民族的成员都有生老病死、喜怒哀乐；他们生活的自然环境中都有山川湖泊，四季寒暑，雨雪冰霜；他们的社会体系中都有生产创造的需要，都有农工商、军事、教育和艺术等诸方面的活动，他们都有认识世界和认识自我的需求和行为。而他们的语言在这样的环境中发展起来，自然有类似的地方。

总之，各种语言，包括汉语和英语，在各民族发展进化的过程中、在交际使用的环境中所具有的共性，决定了语言的可比性。今天，我们的社会交往，语言教学、翻译研究、商务交际、大众传媒的渠道能够如此畅通，都是建立在人类语言具有可比性和可译性这一基础之上的。而反过来，进行这些社会活动和跨文化交往也使语言对比和比较成为必要和可能。

3. 汉英广告语言对比的模型

如上所说，任何对比都是建立在某一共同基础上的对比。既然语言之间在原则上是可比的，那么在进行具体的汉英广告语言对比研究时，我们如何来确定这一具体研究的基础和内容呢?

按照许余龙（同上）的定义，具体语言对比研究的对比基础是对两种或两种以上语言进行对比描述的共同出发点或参照点，它通常是语言中普遍存在的（或至少是两种语言所共有的）某种属性或范畴。

按照性质来说，对比基础可以分语外对比基础和语内对比基础两大类。所谓语外是指与语言发生联系的一些外部因素，如语言的物质实体、语言环境和交际情景等。而语内则是指与语言本身的内部组织结构有关的一些因素。语言的内部组织机制可以从形式与功能两个角度来加以描述，从而语内对比基础可以基于形式，也可以基于功能。（许余龙，1992：p41–43）

借用许余龙所总结的进行语言对比的模型，我们可以类似地建构出一个进行广告语言对比的模型，如下：

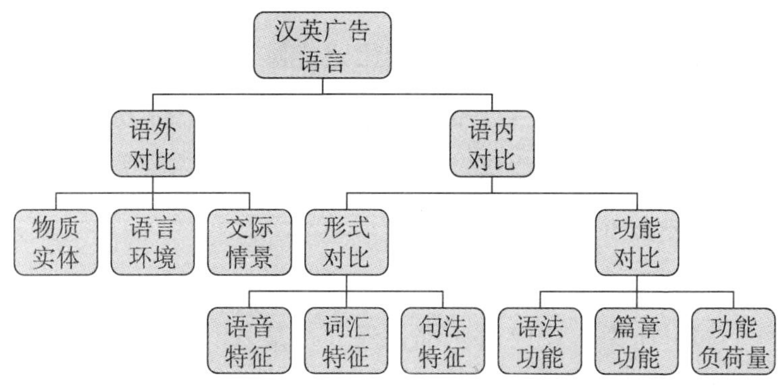

图 1–1　汉英广告语言对比研究的模型

其中，物质实体又分为语音实体和文字实体。虽然原则上对于语音实体的对比分析可以从生理、物理和心理三个方面加以分析，但是因为我们所作的对比研究主要是从应用对比的角度上进行的，其重点不是要探究广告语言在语音层面所具有的声学物理特征、发音生理特征，所以对于语音的涉及会仅仅局限在广告语言中的语音特点对于受众产生的心理影响方面。语言的文字实体是语言的书面形式所采用的外部建筑材料，其中包括书写符号、书写规则、标点符号等等。由于广告语言的商业特性和传播特性，我们的对比重点将集中于：汉英语广告中的文字实体采用何种策略，来放大自己的商业特性和传播特性。而忽略拼音文字—非拼音文字，横向书写规则—纵向书写规则等这样简单二分法的对比内容。

语言环境泛指语言赖以生存的社会环境和语言使用的场合。具体到广告语言这一特殊的文体上，我们对比研究的重点包括汉英语广告所处的社会价值环境和规范环境，其中既包括了哲学观念、思维模式、文化心理和道德观念等静态社会文化因素，也包括了当前消费环境、商品市场的法规政策、广告创作环境等动态社会文化因素。

交际情境是指人们在使用语言进行交际时的特定情境。广义的交际情景除了包括话语进行的时间、地点以及话语参与者之间的关系以外，还包括说话者的意图，说话者和听话者的知识、信念、期望、兴趣，以及同一交际情景中前面谈及的内容，等等。（Stalnaker R G，1972：p380–397）研究交际情景中的话语，特别是情景对理解话语含义的影响，是语用学的任务，因此交际情景可以作为语用对比的基础。具体到广告语言的对比研究中，我们可以对比汉英语广告在类似交际背景中的语言使用情况，比如，相同产品针对英语文化市场和汉语文化市场所投放的广告语都有什么相同和不同的特点等。

关于语言内部组织机制在形式方面的对比，因为广告语言是语言在广告这一特殊语域中的应用，因此我们在对它们进行语内对比的时候，不适宜像对待两种语言一样，建立起语音系统、词汇系统、语法系统的对比，这种对比方式将注定是粗放的、低效的，只能映照汉英语语言系统基础上的特点，不能体现广告语言这一特殊语体的特点。因此，我们在汉英广告语言系统方面的对比，将集中于一些能突出广告语言的商业性和传播特色的、有代表性的封闭系统中的有限项目，如某些语音特征的对比、某些特殊词汇使用的对比、某些句型结构的对比等。

在语内对比的功能方面，参照许余龙的模型，我们也采用语法功能、篇章功能和功能负荷量三个纬度进行汉英广告语言的对比。

在一种语言内部，各语言单位之间具有某种特定的语法联系，从而使语法结构得以表达一个（如果是歧义结构则有几个）确定的意义。这种语法联系主要是通过语序、语法词缀的使用、语法辅助词的使用等手段来实现的。因此，语法手段具有一定的语法功能，表达一定的语法意义，从而将语言单位组成一个语法结构。（许余龙，1992：p47）我们对于汉英广告语言在语法功能方面的对比，主要是基于研究它们所采用的语法手段，观察这些手段实现了什么语法功能，传达了哪些语法意义。

语法功能主要是指一些语法手段在一个句子的语法结构中所表达的某种语法意义，而篇章功能则是指一些语言手段在组句成篇的过程中所具有的功能。语言内部组句成篇的手段主要有两类：一类是句子内部的组织手段，一类是句子之间的组织手段（Halliday & Hasan，1976：chapter 1）。具有篇章功能的句内组织手段主要是句子的主叙位结构（thematic structure）和信息结构（information structure）。其中主叙位结构是指句子成分在句中的位置，信息结构是由语调来决定的，非重音部分是已知信息，重音部分是新信息。句际组织手段是指句子之间的连贯（cohision），通过某些语法和词汇手段来实现。（Halliday，1970：p140–165）在进行汉英文广告语言对比时，我们既可以把着眼点放在句内组织结构上：如比较词语的选择、时态的选择、语调的升降轻重等；也可以把着眼点放在句际组织结构上：如比较同义词项的复现、连贯手段的运用、省略等。

功能负荷量（functional load）一般指某种语言单位在一个语言的组织中承担的功能量，我们可以用这个概念来比较不同语言中的某一对相似的语言单位在各自语言中的使用频率，及其与同一类型的其他语言单位相对而言的相对使用频率。比如汉语中“这”和英文中的“this”在两种语言中都主要做近指词，但在许余龙（1992：p289）对于毛姆的小说 *Cakes and Ale* 第五章的统计中，this 共出现过 6 次，而在这一章的汉语译文中，“这”共使用了 57 次。这说明“这”在汉语中的功能负荷量大大超过了“this”在英文中的功能负荷量。

以上是作者为了进行汉英广告语言的对比而构建的模型，仿照许余龙语言对比的模型而建，包括了语内对比和语外对比的内容。如许余龙所言，该模型既可以用作对比的基础，也可用作对比的内容。我们既可以把语外的物质实体、语言环境、交际情景作为基础，对比汉英广告语言的组织形式、语言单位在各自语言中的功能；也可以把语言形式作为对比基础，对比这种语言形式的所指意义（与物质实体相关）、社会意义（和语言环境相关）以及在实际话语中可能表达的语用意义（与交际情景相关）。

1.4 选题意义

汉语世界和英语世界分处世界不同的区域，有着各自不同的客观物质环境和历史历程，这使得汉英两个民族在生活习惯和生活方式上存在很强的民族地域色彩，造成了两个民族在思想、观念、精神方面很大的差异。这种差异势必体现在其物质外壳——语言上，使得汉英两种语言凝聚着各自的民族精神，反映着各自民族的语言哲学观。洪堡特在《论人类语言结构的差异及其对人类精神发展的影响》中指出："语言仿佛是民族精神的外在表现，民族的语言就是民族的精神，民族的精神就是民族的语言，二者的统一程度超过了人们的任何想象。"（商务印书馆，1998：p25）

不同国家的广告，由于根植于不同的文化和社会土壤，针对具有不同民族心理的消费者而设计，它们所使用的语言必然具有不同的特征。曹志耘（1992）说，各个民族都有其独特的对世界的认识和表达，有自己的哲学观念。哲学观念深刻地影响着有关语言的结构和运用，当然也影响着广告语言的应用。国家之间广告语言的差异，不仅仅是语言文字上的差异，更重要的是它体现着各国社会文化和民族心理的特点。对汉英两种语言中的广告进行比对比研究，一方面可以帮助我们突破囿于一种语言的局限，观察到更具有普适性的语言特点和语言运用，丰富和发展语言学的理论和方法；另一方面，广告语言的发展变化等跟社会发展变化等的关系很密切（于根元，2007），对汉英两种文化中的广告语言进行对比，可以帮助我们从新的角度观察两个文化环境的发展变化，更深入地了解语言和社会文化之间的具体关系。因此这种比较研究同时具有语言学、广告学、民族学、社会学等诸多学术方面的意义。

1.5 研究现状

广告语言的研究属于应用语言学和社会语言学的范畴。因为每个人的个人语言或社会方言及行业用语在很大程度上取决于其社会环境，不同社会背景下和社会领域内的人所创造和接触到的广告必然反映着不同的文化特质，所以对于广告语言的研究无法也不能同广告创作所处的时期割裂。只有结合历史的角度去认识当时的社会氛围、政策引导、语言学者的工作成绩，才能更好理解某一时期广告语言创作及其研究呈现出的特点和出现的成果。

于根元先生对于这种学习方法曾经有着这样的阐述：学习和研究历史，是要认识规律……研究的角度要纵横交错，不能只看平面静态共时。时空不同，条件不会完全相同，彼时空的不会在此时空完全适用……要注重历史规律。忽略了时空，忽略了比较，中国会误读世界，世界也会误读中国，中国也会误读自己……要联系历史而又站在今天的高度。[1]（于根元：2007）

一言以蔽之，应用语言学研究不能和历史割裂开，广告语言研究当然也不例外。因此作者对于广告语言研究现

[1] 于根元 2007 年 3 月 5 日博士生“应用语言学史研究”课上的讲话。

状所做的研究，是从结合历史分析这个角度对于广告进行审视，以期更加宏观地认识社会环境对于语言使用者在语言塑造和语言选择方面的影响。

1.5.1　国内的研究现状

1. 国内研究著作回顾

自 1979 年 1 月 28 日，上海电视台播出改革开放后的第一则广告，广告研究作为应用语言学和社会语言学领域内容的一朵新葩，开始受到理论界、学术界、商业界等众多领域内研究者和实践者的关注。

在这一时期内，广告语言研究领域出现了大量的著作和文章。著作大致可以分为三种类型：概述类的，比较有代表性的如曹志耘的《广告语言艺术》（湖南师范大学出版社，1992）、林乐腾的《广告语言》（山东人民教育出版社，1992）、于根元主编的《广告语言教程》（山西人民教育出版社，1998）、《广告语言概论》（中国广播电视出版社，2007）等。这类著作的特点是对广告语言从宏观方面作了阐述，如对广告语言的性质、作用、内容、类型、运用、创作、风格、创意等方面做简明深刻的论述。但是不同的著述者有着自己不同的侧重点，如于根元先生主编的《广告语言教程》中涵盖了广告语言历史和对广告语言在未来社会中的发展预测内容，充分地顾及到了语言研究和历史不可割裂这一特点。在论述的过程中，作者很好地把握住广告语言的叙述角度和社会心理这两大类问题，认为可以从广告主的身份和广告叙述内容来加以区分。同时，对于广告在传播后产生的消费心理问题，作者主要依托中国传统文化中的伦理道德来分析消费群体的选择心理和需求心理，其中很多预测已经被其后的广告实践证明了。

第二类属于专题类的，如专门论述广告写作的（邵敬敏的《广告实用写作》，华东师范大学出版社，1991）、专门讲广告播音艺术的（雪琴的《广告播音艺术》，北京广播学院出版社，2000）、讲广告语言设计原理的（聂仁忠的《广告语言艺术》，石油大学出版社，1989；林一顺的《广告语言设计艺术》，河海大学出版社，1997）、讲广告与修辞的（周建民《广告修辞学》，武汉出版社，1998；李瑞进、劳惠仪的《广告的语言艺术》，武汉测绘科技大学出版社，1994）、讲电视广告的（刘艳春的《电视广告语言——类型和创作》，中国经济出版社，2004）、讲广告创意的（张崇婉的《广告创意与语言艺术》，光明日报出版社，1997），这些著作的典型特点是从微观方面对广告语言从不同角度进行深入式探讨，以呈现广告语言在不同方面的特点。

第三类属于工具类的，如《实用广告辞典》（陈先枢，湖南科学技术出版社，1993），这类书的最大特点就是大量搜集广告范例，进行分门别类的整理，便于研究广告的人进行资料查索。

这一时期内出现的文章量大、角度新、微观研究和宏观研究并重、贴近生活实践、对于语言规范问题格外注重。这些当然是和这一时期的历史特点分不开的。如前所述，这一时期语言研究者特别注重语言美、语言规范等，这些特点也都体现在了研究者所作的广告研究工作中。

这一时期特别重大的广告语言研究实践还有语言文字应用研究所开展的广告语言研究课题——对社会用语进行规范调查的背景下展开的——研究了广告语言的方方面面。这个时期对于广告语言研究方面的重要意义如下：

第一个是明确了广告语言研究是应用语言学研究的重要部分。因此应用语言学的理论也适用于指导广告语言研究，而广告语言研究的成果也能够有机地充实应用语言学理论。第二个是明确广告语言也是语言的广告。这也就是为什么语言规范问题在广告语言中格外重要的原因。广告语言因为它的商业特性，不可避免地要求新求异，以吸引消费者的注意、满足他们的心理诉求，但是这不能以牺牲语言规范为代价。第三个是有助于对语言全貌的认识。语言的稳定内核和活跃的外层相互转化，此时作为新鲜外层的广告语，彼时就能沉淀为稳定的语言内核，成为基本语，作为研究者要注意观察这种转化中出现的类型和特点，对于语言发展做出有效的预测。第四，启示广告语言研究者要把自己培养的全面一些。广告语言研究涉及方方面面的知识，随着跨学科研究的逐渐流行，人们越来越不满足于把自己的视野囿于单一的研究领域之内。从已经发表的文献著作中我们可以发现，很多研究者对广告语言的微观研究越来越重视，他们尝试从不同的角度解读广告语言的特色，例如广告语言和社会心理、广告语言和修辞、广告语言中的外来语、广告语言的语法特征、广告语言和社会风俗、广告语言和性别差异等等，这就要求研究者具备越来越广博的知识和宽广的视角，才能对广告语言进行前沿的研究。第五个启示是要注重实践。这里的实践包括平时积累语料，比如进行剪报积累，还包括进行社会调查，当然也包括自己亲自上阵，拟一则广告语，或者对不尽如人意的广告语进行改进。

2. 这一时期存在的问题和对策

从这一时期的广告语言研究所取得的丰硕成果来看，广告语言在获得了蓬勃发展的同时，也存在着各种各样的问题，这些问题出现在语言实践领域，也存在于广告语言理论研究领域。

《中国现代应用语言学史纲》（于根元主编，中国经济出版社，2005）中总结了广告语言实践方面存在的几点问题：一是出现了倒退的现象，二是存在着大量一般化的广告，三是良莠不齐。之所以存在这样的问题，我想应当结合广告语出现的社会背景来思考。过去中国教育投入不多，现在虽然情况有所好转，但仍然存在很多文盲和半文盲，要把这些人当作潜在的商品消费对象，广告创作者就不能也不敢尝试过多的语言修辞技巧，以免造成受众理解上的不充分，这样就容易出现陈词滥调、言语乏味、格式化语言盛行。另外，中国教育中历来对于创新教育强调得不够，所以很容易造成一条广告语成功，很多类似广告语跟风的现象。

另外，在广告语言理论研究方面也有各种问题。如曹志耘在他《广告语言艺术》（湖南师范大学出版社，1992）的《前言》中所述：一是缺乏有力的理论指导；二是不重视做调查研究；三是没有进行深入的理论探讨。另外，虽然研究广告语言的专著和论文林林总总，但是真正从语言学、修辞学和写作学的角度系统探讨广告语言的规律、特点、原则、发展的论著还不多见。这不能不说是一种缺憾。

针对在广告实践和广告理论研究领域存在的这些问题和缺憾，很多研究者也都提出了自己的见解和对策。比如倡导结合文化的民族性来设计和研究广告语言（于根元，1998；王军元，2005）。其次，提倡采用新的研究路径来研究广告语言。在结构主义理论盛行的时期，研究者注重的是语言的非历史性、非社会性即普遍性的语言特征，但是现在越来越多的研究者发现语言的历史性和社会特征是无法被剥离的，转而关注语言和特定社会文化的互动作用。所以批评性的研究路径也开始出现在应用语言学领域，这一角度使人们重新关注语言使用所处的社会、文化和政治语境。批评语言学主张运用西方社会批评理论（critical theory）分析大众化语篇如广告、新闻报道等，其主要目标就是分析语言、意识形态和权力之间的关系，特别是分析语言和语篇的意识形态功能以及意识形态如何通过语言发挥作用，因此，关注广告语言的政治色彩、意识形态能够更好地使人们理解语言的功能和特征。另外，提出要从预测的角度关注未来社会的广告用语。语言学研究除了描写和分析语言系统的特征，还应当具备预测功能，以便于更好地指导语言应用。（于根元，1998）

1.5.2 国外的研究现状

1. 国外研究著作回顾

广告理论研究是在西方首先发轫。1710 年 9 月 14 日，一位名叫约瑟夫·埃迪森的英国人在《Tatler》报上对于广告的表现方法发表了如下观点："撰写广告文案的最大艺术在于找到能抓住读者的方法。如果找不到这种方法，那么，再好的内容也不会被人们记住……"（转引自汪清 & 何玉杰，2007：p19）这可能是最早对于广告进行理论方面探讨的实践。在文中，约瑟夫还总结了一些广告文案创作的技法，如"文中标上重点符号和指示箭头以突出中心意思……"、"注明 N.B.（请注意）"、"用小卡片和插图，或用莫名其妙的斜体字来书写，以使读者注意……"（同上，p20）这些应该算是比较早的广告实务研究了。此外，英国诗人兼评论家约翰逊也对广告的表现技巧以及广告自律问题发表过自己的看法，提出了："广告应当是崇高的、感人的……同时要遵守规定章程，这是广告的灵魂。”这些都是从积极的方面探讨广告的创作或者广告语言的应用，为广告的良性发展奠定了理论基础。

随着西方经济的发展，广告在商业领域的应用越来越广泛，几乎到了不可或缺的地步。随着广播电视在二十世纪上半叶的出现，广告业的发展在西方可以用“突飞猛进”来形容。研究者也开始采用多元的视角审视这一特殊的文体。二十世纪六十到七十年代，研究者主要从伦理学的角度对于广告及其使用语言加以审视，（Williamson，1978；Geis，1982；Vestergaard & Schroder，1985），他们认为广告的主要功能是“说服、劝诱，甚至是欺哄”，广告被看作是潜在的信息载体，用来哄骗大众，借以达到商业目的。早期理解符号的符号学家对于文本所作的解码也主要是从这个角度进行的。

G.N.Leech 的《广告英语》（London：Longman，1966）是广告语言研究中的重要著作，这不仅仅因为 Leech 深厚的语言学研究背景，更因为，他是西方较早把广告语言作为一种特殊的语言体裁进行研究的学者之一。不同于早期的广告伦理学研究思路，他关注的是广告的典型语言学特征，而回避伦理方面的讨论。他的这本书中对于广告语言的动机（p25–31）、广告语言的衔接与连贯（p142–150）、广告英语词汇特征（p135–141）等都作了细致的探讨。Erving Coffman 的《两性广告》（London：Macmillion，1979）

探讨了性别因素在广告语言设计中的影响，立足于广告语言作为社会语言学的重要内容，其语言应用不仅诠释了而且构建着社会中的性别定型和两性关系。

二十世纪八十到九十年代，Michael L.Geis 的《电视广告语言》(New York : Academic Press，1982) 针对电视这一特殊媒介中出现的广告，对其语言做了语言学和社会学方面的探讨，提出了很多有建设意义的观点 (p59-83)。

1985 年出版的 David Ogilvy 的《Ogilvy 论广告》(London: Prion Books，2003) 是同时期很有启发性的一本论著，作者根据自己的广告从业经验，针对当时人们对于广告的很多负面的评议和怀疑，提出了自己对于广告及广告语言发展的积极的想法，认为广告作为一种营销手段，在现时是最有效的，在人们发现更有效的营销手段之前，广告不会消失，也不会萎缩 (“what's wrong with advertising”，p206-216)。他还用幽默的笔触谈论了广告在未来的 13 种变化 (“I predict 13 changes”，p217)。Torben Vestergaard 和 Kim Schroder 的《广告语言》(Oxford : Basil Blackwell，1985) 以及 Greg Myers 的《广告语言》(London : Arnold，1997)，是里程碑式的广告语言研究专著，书中引用了丰富的案例，以阐释广告语言的结构特点，以及语言形式和内容之间的关系，他们的观点在研究广告语言的论著和论文中被广泛引用。

另外这一时期出版了很多广告学和符号学方面的专

著，它们对于广告语言方面也都有不同程度的涉及以及立场不同的论述，如 J.Umiker-Sebeok 编纂的《市场和符号学》（Armsterdam：Mouton de Gruyter，1987）一书中，收录了多位学者对于广告语言方面的论文，涉及到了跨文化交流中的广告语言（Chantal Cinquin，p485-495）、性别因素对广告的影响（Dean MacCannell，p521-531）、广告句法特点对于市场效果的影响（Trudy Kehret-Wart，p219-238）等。

同一时期，学者开始把广告语言中的意识形态表现作为重点来研究。如 Norman Fairclough 的《语言和权利》（London：Longman，1989）中分析了广告和消费主义之间的关系，提出了"国家控制在［广告的］话语秩序方面产生了主要的影响"，他还发现"社会中出现了通过各种形式的政府手段（bureaucracy）加强［对广告］控制的趋势"，并且探讨了他称之为"话语策略"的现象，也就是"人们针对政府控制手段，自觉地运用社会科学知识来应用各种话语类型"，他提出"政府控制对于话语秩序的影响主要是通过话语策略的殖民化扩展而实施的"。（1989：p199-211）他的观点启示人们关注广告语言所反映的意识形态领域的东西。

此外，Hughes（转引自 Guy Cook，1994）还探讨了广告中的"语言资本主义"（language capitalism）："从语言的角度看，广告似乎隐约地体现了'自由经营'的基本精神。作为语言社区的共同财产，语言是一种自然资源，但是广告商却巧取豪夺，直接实行‘拿来主义’，而且是为了一己之利。之所以他们能够如此，是因为语言不像图片、声音，它具有能免费使用的好处。”“使用语言资源出现两种形式：具有赞美、情感意义的词从他们平常最为人熟悉的语境中被抽离，强制性地构成一些并不一致的词汇联盟；把一些赞美词直接用作产品的品牌名称。”

以及 Guy Cook 提出的“广告非现实主义”，他认为广告中的世界并不是完全虚构的，像科幻小说中的世界一样，广告中呈现的世界也是基于现实中人们曾经有过的经历，但是它是把生活中最美好的一些场景从现实中抽离，重新构建出一幅“所有的家庭都幸福美满，所有的日子都阳光灿烂，所有的饭菜都美味可口，所有的圣诞都白雪纷飞，所有的奶奶都和蔼可亲，白发斑斑，所有的乡村都清洁如画，所有的农庄都传统古朴”（1994：p102–116）这样的美好世界。

Guy Cook 还进一步讨论了“语言游戏”的概念（1994），这拓宽了人们对于广告语言功能的理解，以往人们多关注广告的劝说功能和信息功能，但随着广告语言的发展，人们从审美的角度对于广告语言有了更多的期待，而此时语言的“游戏功能”可以满足人们的这种心理需求。1998 年 D.Crystal 的《语言游戏》（Harmondsworth：Penguin，1998）比较系统地阐述了广告语言在新时代的这种功能拓展。

比较有影响力的著作还有 Keiko Tanaka 的《广告语

言：对英国和日本广告的语用研究》（London：Routledge，1994），在书中，作者引用了大量日本的广告，这在广告研究领域是不多见的，扩大了广告语言研究的涵盖面，从跨文化交际的角度审视广告语言。在书中，作者论证了广告语言在实现“劝说”功能中所涉及的一些敏感因素，比如“隐性交际”（covert communication）——广告人在使用“性”或者“势利”这些敏感元素的时候，一方面是因为意识到了这些元素能够带来的经济价值，也就是能够提升商品销售，但是一方面又想躲避有可能带来的负面社会反映。这涉及到了广告人和消费者之间的相互信任问题（p36–58）。

Edward F.McQuarrie 和 David Glen Mick 对于广告语言的修辞特点进行了比较全面地总结（1998：p424–438）。

二十世纪和二十一世纪之交，随着市场经济的全球化扩张，消费主义的进一步泛化，高科技手段的应用，广告得到了空前的发展，这一时期的广告语言研究也比以往任何时期都多样化和深化。

基于前人研究的基础上，Guy Cook 的《广告话语》（London：Routledge，2001）对于广告文体作了更为全面的阐述，确认了广告语言是一种独特的“语体”。这一时期的著作有两个典型特点：更加注重跨文化比较，有代表性的有 Ruth Finnegan 的《交际：人类交际的多种模式》（London：Routledge，2002），Elsa S.L.Freitas 的论文“广告禁忌：葡萄牙和英国报刊与电视杂志的文本研究”（2002），David

Machin 和 Joanna Thornborrow 的论文“品牌命名和话语：Cosmopolitan 个案研究”（2003），以及 Helen Kelly-Holmes 的《多语交际中的广告》（London：Plagrave，2004）；另一个特点是注重个案研究。

2. 这一时期存在的问题和对策

和同时期的中国广告语言发展状况一样，这一时期的英语广告语言实践也是有喜有忧。一方面，广告语言的体现得益于科技的发展，有了更广泛的渠道和媒介，得以接触到更广大的受众，广告在人们语言生活中的地位得到了提升；但是另一方面，由于广告从业人员的素质良莠不齐，过分追求广告的新奇效应，出现了令学者们担忧的语言倒退现象，甚至有的专家呼吁：广告语言正在谋杀英语语言。我们当然不能极端地只看到广告语言的消极变化，但是这方面出现的问题确实需要更多领域的研究者关注并寻找对策。

另外，国家对于广告的规范日趋完善，很多国家政府职能部门通过立法的形式对广告的范围、内容和形式进行严格的管理。如英国 1907 年就颁布实施了《广告法》，后来经过多次修订，以规范户外广告为主，对广告具有普遍的约束意义。据统计，英国有四十多种法律、法规中都涉及广告管理的内容，形成了相当完善的广告法规体系。

但是由于许多广告的商业特性，很多广告主都过分地依靠它实现利益最大化。一旦国家法规和市场效应出现了冲突的时候，广告商会绞尽脑汁寻找法规的漏洞，以达到自己的目的。因此，怎么使广告语言的应用和国家政策法令更加和谐的共处，也是应当加以重视并寻求解决的课题。

在广告语言研究方面，越来越多研究者对广告文体进行多维度、多角度的专题研究，早期研究者关注广告语言体现的语言层面的特点，逐渐发展到把广告语言研究和社会文化、社会意识形态结合起来研究，提醒广告工作者要意识到自己的社会责任，从侧面反映了广告语言在社会进程中日益增长的重要性。

另外随着全球化的进程，一则广告的成功与否会涉及到多个国家的市场效应，因此广告的全球化和本土化是广告人和语言工作者需要关注的一个热点，越来越多的人开始注意到，文化因素以及与文化相关的"软因素"（比如某文化中的心理诉求、文化传统、审美取向等）都需要得到更多的重视。

1.6　研究角度、研究方法和语料来源

1.6.1　本文的研究视角

本文拟采用对比语言学的研究视角，对汉英广告语言进行对比研究，这既包括对汉英广告相同点的研究，也包括对其不同点的研究。

广告语言的汉英对比研究从很早就已经开始了，很多研究者是在汉英语言对比的大框架中，从文体的角度对汉英广告语言的特点加以总结，如曹合建的《英汉语言文化对比研究》（上海外语教育出版社，1996）中有涉及英汉广告语言的章节。另外以专题的形式对汉英广告语言进行研究的，多选择从文化的角度入手，如朱琳琳（2006）的"中西广告之思维方式差异比较"从思维方式的角度入手，比较了汉英广告铺陈方式的不同；章礼霞（2000）"从广告语的角度看中西方文化的差异与交融"（《外语与外语教学》，2000 年第 11 期）论述了对广告语进行文化比较的可行性、可靠性和必要性；谭卫国（2003）"中西文化与广告语言"（《上海师范大学学报》，2003 年 3 月第 32 卷，第 2 期）总结了中西文化中的哲学观念、思维模式、文化心理和道德观念对于广告语言的影响和制约；这些研究大都从泛传统文化的角度进行简单的分析归纳，对传统文化模因进行了剖析。总的来说，从语言学的角度对汉英广告语言进行研究的不多，所以本文从对比语言学的角度，对汉英广告语言进行对比研究，具有一定的创新性。

1.6.2 本文的研究方法

本文采用应用语言学、对比语言学和文化语言学的研究方法，综合起来，大致有如下几种：

文化参照法：是指把语言与文化比较、对照起来进行研究的方法，它是文化语言学最基本的研究方法和思路。其目的是力图发现具体语言的个性（苏新春，2006）。本文进行汉英广告语言的对比研究，主要运用此法建立两个参照系，一是汉语广告语言与英语广告语言的对比，二是各自文化背景的对比。

阐释法是指对语言结构、语言现象进行分析、说明，把隐匿、依附、蕴含于其中的社会、历史、民俗、观念、道德、思维、物质、自然等文化因素及文化意义揭示出来。它包含两重意思：语言现象只是一种材料，探究者的目光不能止歇于语言本身，还要揭示其中的文化意义，非借助于阐释不能明晰；所借助的知识来自于与语言有关的、广泛的周围学科，非借助于阐释不能揭示二者之间的奥秘关系（同上）。本文通过对汉英广告语言特点的分析、说明，把隐藏在广告语言背后的文化因素揭示出来，并探讨二者之间的关系。

定量分析的方法，要对语言现象有细致、详细、全面的了解，最好是在对语言现象细致把握的基础上，还能作出量的说明。这样就可以避免先入为主，随性释道，从而将定性的工作牢牢地立足于定量的基础上，使定性与定量做到完美的结合，使文化阐释工作更加扎实可信。本文对汉英广告语言特色的结论大都在量的细致把握的基础上得出的，而且在必要的地方也作了量的说明。

预测法：现代社会发展的速度正在加快，对语言问题的科学管理需要科学的预测作为基础，这对于应用语言学研究尤为重要。本文通过对于汉英文化中的广告语言特点和变化进行比较，根据连贯原则（未来的语言系统和现在的语言系统虽有差异，但在很多方面是相似的）和类推原则，对于广告语言在全球化语境中的发展做出预测，以期能够对于广告工作起到一些启示作用。

1.6.3 语料来源

按照广告所使用的语言不同，可以分成汉语广告、英语广告、日语广告等。但是这种简单的类说在具体对比研究的时候，会遇到一系列的问题：首先，由于一些国际性广告可能将文字翻译之后在多国播放，很难以语言区分是哪种广告；第二，现在一些平面广告，甚至电视广告，并不会出现文字或语言，也很难以此归类；第三，外资企业在当地制作的广告，用当地的语言，但是广告所暗含的理念和制作模式可能还是资本来源国的，这类广告也很难用语言定义；第四，欧洲发达的非英语国家与英语国家在广告发展和文化上或有差异，但是如果和中国本土广告做比较，则这种差异可以忽略；第五，汉语广告包括了中国内地、香港特别行政区、中国台湾地区，以及新加坡等可能涉及汉语广告的地方，而这些地方的广告虽然同样使用汉语，但是体现出来的文化传统等会有很大的差别，例如香港因为历史上的殖民地背景，一些习俗可能会比较接近西方。

鉴于以上考虑，在本文中作者选择的汉语广告主要是内地本土制作的广告，英语广告则以在英、美两国投放的广告为主，间或涉及其他西方发达国家的案例。因为研究是针对广告语言，所有的广告都必须包含文字语言。所采用的广告形式多样，包括了报刊、电视、广播等传统媒体的广告，以及地铁、公交、灯箱、机场等公共场合的广告。但由于作者本人没有便利途径亲自前往英文国家收集语料，所以除了少量广告来源于原版杂志及报纸《Newsweek》《Women》《Cosmopolitan》以外，英文报刊广告主要来自于：www.womansday.com，（Woman's Day on-line），www.winspiration.com，其中第五章对于省略句对比研究的英语广告语例来自于靳涵身的《诗型广告翻译研究》（四川大学出版社，2004）。鉴于广告的研究已经汗牛充栋，本文作者尽量选取最近十年以来的广告进行研究，多数汉语广告来自于比较近期的中国广告作品年鉴（2000，2001，2002，2003，2004，2005，2006，2007，2008）等。另外，英语语例所附的译文多为笔者自译，文辞不求优美考究，仅为意思通达。

第二章　汉英广告语言发展简史对比研究

2.1　中国广告语言发展简史

2.1.1　广告发展初期（—1850）

早在人类社会初期，中国社会生活中就出现了广告信息的萌芽，广告应运而生。可以说，商品广告是随着商品生产和商业交换的出现而出现的。

根据现有可供查阅的历史资料记载，中国的广告萌芽于3000多年前的原始社会末期。中国古代的广告形式多样，早在战国时期之前，就出现了口头广告、实物广告、标记广告、音响广告、招牌和幌子等广告形式。以至于现在流传的口头俗语“挂羊头，卖狗肉”，其实表达的就是最原始的实物广告形式。

到了唐宋元时期，封建经济有了极大的发展，广告的形式也相应得到了发展和革新。除了隋朝以前就已经存在的悬帜广告、命名广告等，随着印刷术的发明和利用，出现了具有现代广告特点的印刷广告。现存于中国历史博物馆的北宋时期济南刘家针铺所用的广告铜板雕刻，上面不仅有“济南刘家功夫针铺”的标题，还有“白兔捣药”的图案，图案左右标注“认门前白兔儿为记”，下方有说明商品质地和销售方法的广告文字：“收买上等钢条，造功夫细针，不偷工，民便用，若被兴贩，别有加饶，请记白。”（于根元，2007：p56）整个广告图文并茂，有关于商品基本信息的描述，有关于收买方法和促销信息的承诺，这应该算是比较现代的广告案例了。还有广告画，至少在南宋时期就已经出现。而到了明清时期，招牌广告和对联广告不仅体现了民族的文化特色，广告语言方面也文化含量较高，兼顾了语言的平仄美和经济性。

2.1.2 近代广告时期（1850—1949）

鸦片战争前后，中国闭关锁国的状态被西方的坚船利炮改变，随着西方现代武器被引进的还有报纸、杂志、路牌、霓虹灯、橱窗陈列等新的广告形式。近代广告业得到了发展，广告媒介增多，宣传范围得以扩大，内容进一步广泛，语言技巧也得到了提高。

其中，首开中文刊登广告先河的是1853年8月由英国传教士在香港创办的《遐迩贯珍》中文杂志，除了宣传西方科学文化知识和阐发基督教义以外，该刊还经营广告业务。其后，随着各种华人报刊的增多和普及（如《申报》1920年卖出达到3万多份，成为当时全国才力雄厚、销数最多的报纸），广告的质和量均有了很大发展。据《新闻报》30年纪念册载，“近年来广告几占篇幅十之六七”，又说“广告费的收入，年几及百万元”。当时还出现了一些杂志，如《东方杂志》《妇女杂志》等都刊登大量广告。广告媒介也开始多样化，除了报纸广告之外，其他几种近现代影响较大的广告形式，如广播广告等也陆续诞生了。广告的内容与形式有了很大的提高与进步。一些国外新式的广告手法也被借鉴过来。所有的这一切都是国际化和本土化共同作用的结果。

2.1.3　现代广告时期（1949—1978）

新中国成立以后，我国广告的发展有了一定规模的进步，五十年代至六十年代初期，随着生产的发展，广告业也有相应程度的发展。报纸，路牌，橱窗等广告形式，已经具有一定的规模；广告管理也跟随国际化走，同时也发展自己民族的特性，使得广告成为社会主义思想宣传和经济宣传的重要工具。但是“十年动乱”时期，由于广告被看作是资本主义的工具，受到了严重的摧残，直到1978年我国广告业才又重新发展起来。

2.1.4 当代广告时期（1979—现在）

在1978年底的十一届三中全会之后，由于中国政策的改变，实行对外开放、对内搞活经济的政策，随着商品生产的发展和国民经济的活跃，我国广告事业发展迅猛，广告理论水平不断提高，广告人才培养得到重视，广告事业显现出繁荣发展的现象。一些外国企业开始试探性地进入中国，其商品广告也随之进入。

这一时期的中国大陆广告经历了恢复期、探索期和发展期三个阶段，广告语的创作也体现了这一时期的特点。

首先，广告目的出现了变化：从推介商品到抚慰心灵。随着市场经济的不断发展，许多商品出现供过于求的情况，已由卖方市场转向买方市场，而且商品的品质化现象和市场细分现象也日趋集中。企业越来越意识到消费者不单单要满足基本的物质需求，同时也开始注重商品的情感因素、社会因素、文化因素给自己带来的心理满足，即更加注重寻求商品的附加值。这就促使广告语创作发生了深刻变化，即更加注重对消费者心灵的抚慰和关怀，更加注重产品的物性和消费者人性之间的沟通。

其次，广告价值出现变化：从集体趋同走向张扬个性。在广告恢复期，广告语言雷同现象很普遍，“省优，部优，国优”充塞视听。产生这种广告现象的原因有两点。一是受计划经济惯性的影响。计划经济强调整齐划一，抹杀了人的个性差别，抹杀了需求的个性差异。二是传统文化的长期积沉，形成了一种集体无意识，即注重群体而忽视个体，注重共同性和一致性，而忽视多样性和丰富性，倾向于跟从附和，而忽视标新立异。但是随着市场经济的不断深化，随着社会生活的丰富多彩，随着文化交流的日趋频繁，原有的群体趋同的价值观受到了空前的挑战，消费者更看重商品能否成为自己个性的符号与象征，更关注商品气质与自我个性的吻合与共鸣。为适应这种变化，广告语创作开始强调张扬消费者的个性，注重突出商品的品位与格调，显示商品附加值的独特性和个人性。

第三，广告修辞选择出现变化：从言语变异到言语还原（杨先顺，2004：p64–65）。恢复期的广告语创作受政治口号的影响较大，多数是居高临下的自我炫耀。而在探索期人们开始意识到这些广告语的弊端，开始有意寻求一些生动、鲜明的表现手法，更加注重修辞格的运用。但从总体上看，这类广告语仍然未能充分考虑到广告的市场因素。在早期的广告语创作中，创作者对文字本身的关注，更甚于对消费者心理需求的关注，创作者更喜欢运用形形色色的辞格，刻意地对语言进行雕琢，甚至使语言产生变异，这其中也偶有较为契合产品特点的佳作，但总体看来，过于追求变异效果，反而会危及到汉语成语的规范性，所以理所当然受到语言学家的批评。从广告学角度看，这种广告语本质上是从语言和文学角度来创作的，忽视了广告语的广告学和市场学特性。随着广告业界专业水平的不断提高，企业及广告创作者更加关注广告语的市场反响和消费者的接受心理。用朴实无华、通俗易懂的口语来表达涵义丰厚的企业理念或消费主张，已逐渐成为广告语创作的主流，且更易为消费者青睐。同时，很多广告创作者也注重在广告中糅合人生哲理，提升广告语的层次性。

第四，叙述角度也发生了变化，从广告恢复早期，商家强调企业的形象，以企业为中心，转为关注消费者，以消费者的感受和体验为中心。如具有八十年代特征的“国内首创，驰名中外”，到九十年代的“你今天……了吗？”，以及二十一世纪初的“我能……；我的地盘……”。这分别代表了广告语叙事角度的变化发展：从最初的企业本位，用说教或者开导的语气面对消费者，发展到用消费者自己的话语叙说对于产品的感受和体验，以求得被承认，再继续发展到企业把自己和消费者放置在一个利益共同体的位置上，以求得消费者的认同感。

最后，广告形式日新月异。从最初的口口相传，到后来的文字广告，又发展到图文并茂的平面广告时期，其后随着科学技术的发展，电视广播等各种形式被运用到广告的制作中，一直到现在随着网络的流行，网络广告呈现出勃勃的生机。广告语言的表现手段随着形式的发展获得了前所未有的丰富和生动。

以上都是中国广告语言在不同历史时期所呈现出的不同特点。现在我们来看看英语文化中的广告语言在相应的时期都有什么样的特点。

2.2 英语广告语言发展简史

2.2.1 广告发展初期（1492—1880）

广告的历史几乎和人类历史一样古老。在西方，人们能见到的最古老的广告实物，是收藏在英国博物馆的3000年以前的一张悬赏广告。内容如下：

> 男奴西姆从善良市民织布师哈布那里逃走。坦贝的善良市民们，请协助把他带回。他身长5英尺2英寸，面红目褐。有告知其下落者，奉送金环一只；将其带回本店者，愿奉送金环一副。
>
> ——能按您的愿望织出最好布料的织布师哈布。
>
> （转引自胡曙中，2007：p211）

这可能是最早有迹可循的广告的形式了。

物物交换时期店铺门前所悬挂的实物和招牌、小贩们的叫卖、人们手写或印刷形式的传单、招贴等都可以归到“广告”的类别中来。十五世纪四十年代，约翰·古腾堡在德国发明的活字印刷术使广告的发展进入了一个新的时代。

早在拉丁语中就出现了“advertere”，意思是“通知或者警告”；到了1655年，英国出版业者把“advertisement”首次用于表示“广告行业”。1660年该词被普遍用作商业通告的标题。1672年，世界上首则报纸广告刊登在伦敦的一家报纸上。

美洲大陆的第一则广告是1704年出现在《波士顿新闻信札》(Boston News Letter)上。1729年本杰明·富兰克林在自己创办的《宾夕法尼亚日报》(Pennsylvania Gazette)上首次运用醒目的广告标题、大量空白和插图，使广告具有了更强的可读性。他也被美国人称为“美国广告业之父”。1741年，本杰明·富兰克林创办的杂志《民众杂志》(General Magazine)开创了美国杂志广告的先河。(Sivulka, 1998 : p11)另据《广告时代》(Advertising Age)估计，美国1776年独立时，商品以及各种服务在100多家定期发行的报纸上刊登，广告费用达到20万美元左右。

十九世纪后，广告的重要性日益上升，这也是为了适应工业革命和社会化大生产的需要。1876年，美国广告费用激增至1.5亿美元。城市化的推进，市场的发展，都直接或间接地刺激了广告业的发展。其中有代表性的事件是1841年沃尔尼·B.帕尔莫(Volney B.Palmer)在费城开办了第一家广告代理公司。

2.2.2 近代广告时期(1880—1920)

十九世纪末，西方很多国家都次第进入了工业国家的行列，工业技术的进步推动了报业技术的进步，而报业的繁荣又促进了广告业的发展。大部分杂志开始接受广告，而且刊登的广告，无论在数量上还是在质量上都有了飞速的进步。1888 年，美国出版了第一本广告专业刊物——《印墨》(Printer's Ink)。此后，美国的广告业开始有了较为科学的研究和指导。生产商逐渐意识到商品销售过程中包装和广告的重要性，而开始广泛地利用各种可能的广告形式来进行促销。其中常用的广告手段包括：报纸广告、杂志广告、直邮、户外广告设施等。

2.2.3　现代广告时期（1920—1960）

一战以后，许多广告制作者开始在广告中大量运用现代艺术手法，尝试现代传播方式，以吸引读者的注意力。1920 年 11 月 2 日，美国第一家广播电台诞生于宾夕法尼亚，之后，广播成为流行的大众传播工具。1922 年第一条广播广告由纽约市的 WEAF 广播电台播出。广播作为新的广告传播媒介迅速被大众接受。

二战以后，美国广告注重宣传商品所代表的社会地位、时髦、奢华和成功（端木义万，2001：p201），这一方面反映了当时社会经济发展背景下大众的价值倾向，一方面也迎合了大众通过不断购买现代化产品而提升自身形象，从而跻身上流社会的消费心理。

2.2.4 当代广告时期（1960—现在）

这一时期是西方广告业发展最为迅速的时期，无论是在理论上还是在实践上，都涌现出了很多骄人的成就。许多广告专家从各种不同的角度提出了具有深远意义的广告理论，指导了广告的积极发展，同时，科技的成功为广告的发展提供了各种新的可能性。

六十年代美国广告进入了“广告黄金时期”，同时也是“形象至上时期”。这一时期的广告重心从商品特点转向了商品形象，广告设计者尽量使品牌与某一部分消费者产生联系。这种商品形象广告同时具有企业形象广告特征和商品广告特征。这些广告给消费者以暗示：购买某种商品，他们不仅仅得到了商品，而且获得了某种形象。

二十世纪七十年代，阿尔·雷斯（Al Ries）和杰克·特劳特（Jack Trout）宣告了定位时代（era of position）的到来。广告不仅仅注重产品特点和形象，还更注重品牌在消费者心目中的定位。这种定位策略可以更好地把某品牌同竞争对手区别开来。如：

（英 1）Think small.（大众汽车）（译文：想想还是小的好。）

（英 2）We're only No.2.（Avis 汽车租赁公司）（译文：我们只是第二。）

（英 3）The uncola.（7–up，七喜）（译文：非可乐。）

二十世纪八十年代，被称为“头脑发热的时代”（the Dizzy Era）或者“自我的时代”（the me decade），广告侧重塑造产品的品牌形象，这反映了那个时代人们以自我为中心，注重追求个人的幸福与满足，追求地位，信奉物质主义，强调自我实现。这一时期的广告追求迎合社会的这种心理。比如可口可乐在1989年的广告：

（英4）You can't beat the feeling！（译文：挡不住的感觉。）

随着商品的极大丰富，国内市场的逐渐饱和，越来越多的产品生产商把目光投向了国外市场，一些广告在进入国际市场的过程中因为没有充分考虑文化因素，导致了失败。如Pepsodent牙膏在东南亚广告推销时，广告商如常地宣传产品使牙齿保持洁白的功效，未想到在当地发黑和发黄的牙齿却是“威望”的象征。这些广告失败的例子使广告商开始关注文化元素在广告中的重要地位，做到国内广告国际化和国外广告本土化相结合。如可口可乐的包装和广告，在世界范围内以红白为主要元素，树立自己国际化品牌形象，但到了阿拉伯（中东）却要改为绿色，因为那里绿色代表着生命和吉祥。

二十世纪九十年代，广告也出现了很多新的趋势和流向。一方面，主要的西方广告大国美国出现了经济衰退，传统的广告业深陷重围。另一方面，新的科技发展，如卫星接收器、光导纤维、闭路电视、因特网等的广泛应用带来了传播业的革命，同时为广告提供了更多选择、更多媒体途径。全球信息高速公路和互联网革命使广告进入了双向媒介时代。广告形式得到了前所未有的更新，出现了手机广告、网络广告等新形式。

2.3 汉英广告语言发展简史的对比

比较东西方最早出现的广告，可以发现当时早期的广告有如下几个特点：(1) 形式单一、内容简单、文字直白；(2) 商品广告是产品本位，而非消费者本位。即广告更多注重产品信息的传达，而不关注对于消费者的说服力和吸引力。这和当时的社会背景有紧密的联系。奴隶社会和封建社会时期，以自给自足的原始经济为主，商品经济刚刚出现萌芽，物品极不丰富，人们关注的是物品的“有”或者“无”，以及和“有”相关的基本信息“哪里、质量、尺寸、大小等”，借以判断是否为自己所需。但是随着商品经济的发达，广告作为社会生活的重要语言载体，借助各种媒介，出没于人们生活的各个角落，人们对于它的关注度和期待度也在水涨船高。

二十一世纪以来，汉英广告发展在各自的文化发展背景下，体现了相同及相异的特点。就相同点而言，广告都体现着它所处时代的特色，具有强烈的时代同步功能。如物质贫乏的时代，人们关注的产品信息在广告中就是“量大价优”，或者“实行三包，代办托运”；而在物质丰富、人们开始关注个性的时代，广告就出现：从商品推崇到心灵抚慰的目的转移、从趋同走向个性的价值转移、从言语变异到言语还原的修辞转移和叙述视角从企业本位到消费者本位的转移。广告形式也随着科技的进步日新月异、选择日益丰富，出现了二维、三维，甚至四维的广告媒体形式。

就不同点而言，汉英广告根植于不同的文化土壤，体现了不同传统文化特征和表现形式。例如广告对联就是汉语文化所独有的形式，在商铺的门两侧镌上平仄相对、字数相等的两句话，一方面邀请消费者光顾，一方面体现自己的店铺特色，传达商品信息，具有很强的信息性和审美性。同时，中国历来有题匾的文化传统，通常会请当时有名气的书法家为自己的店铺题写匾额，来增强商品的吸引力。同时有很多与匾额相关的趣闻轶事流传了下来，如今依然有很多的“老字号”、“天下第一楼”、“百年老店”等，形成了中国文化中独到的风景线。

另外，汉英广告经历了不同的社会历史时期，留存了不同的历史特征。例如中国经历了“十年浩劫”，期间经济生活受到了极大的破坏，广告发展停滞。在其后的恢复期，广告语也受到了这一历史时期的滞后影响，具有强烈的政治口号色彩。如：

（汉 1）革命小酒就是好，少喝点为把革命搞（泸州老窖 1971 年广告）

这种政治色彩浓重的语言是时代在广告文体中留下的烙印。近年来，随着中国人民对于那个“斗私批修”年代的记忆淡去，这种语言也少见了。但是笔者在收集语例时，又碰上类似文字的广告，如：

（汉 2）无线通讯，“革命”有理
单向收费万岁！
胜利属于工薪阶层！（中国电信）

这是中国电信在 2003 年推出的一系列广告，配有浓烈“文革”色彩的图案，如“葵花向太阳”、“工农子弟兵”等，但是，这不是迎合时代特色，而是恰恰相反，利用旧曲新弹，使这种时代特征明显的语言重新浮现出新颖度。正如于根元先生总结过的：语言的新颖度会经历“隐”和“显”的过程（于根元，1995）。

与中国社会不同，美国的二十世纪五十到七十年代，是经济快速发展的时期，美国的经济增长幅度较之以往任何历史时期都高，与之相应的，美国社会的自信心和民族自豪感也得到了空前的膨胀，这也都体现在了那一时期的广告语中。比较有代表性的是可口可乐的广告：

（英 5）Things go better with Coke.（1963）（译文：可乐相伴，事事如意。）

（英 6）Look up American，see what we've got.（1975）（译文：俯瞰美国，看我们都得到了什么。）

从广告语言的角度来看，不管哪个时代，广告由于其特殊的目的，为了达到劝说消费者和有效传递信息和理念，往往需要具备三个方面的特点：新颖度、经济性和生动性。本文就从这三个角度，对汉英文化中的广告加以对比，以期发现广告语言的特点、规律和发展趋向，从而对于广告语言的设计和创作能起到指导性作用，同时加深人们对于语言普适性的功能特点的理解。

第三章　汉英广告语言词汇创新性的对比研究

语言是个亚稳体，广告语言处于这个亚稳体活跃的外层。随着市场经济的繁荣昌盛，二十世纪八十年代以来，广告业和广告文化出现了欣欣向荣之态，广告语言注重语言的感情色彩、价值观念和感召力，作为广告语言主要构体的词汇得到了人们越来越多的关注。

很多研究者都不同程度地关注到汉英广告语言中词汇的创新特点。比如于根元谈到："广告语言的特点是个性。需要广告的商品等都不是为所有人需要的具有许多特点的，都具有别的商品等不可替代的个性。广告语言就是介绍这个商品的个性的个性化语言。"（2007：p163）不管在汉语语境中还是在英语语境中，追求个性都是广告用词的共同特点。而个性化的语言手段，其实指的就是运用创新手段来体现产品的特点。汉英广告中都存在词汇创新使用情况。在对于英语广告语言研究的论著中，常有"词汇变异"的说法，其实指的也是固有词汇的新用法，或者新词用法。

作者进行了一下简单的统计，在涉及英语广告词汇特色的一些研究中，研究者都使用过以下提法：张文静（2006）认为通过“仿词、拼写变异、创新拼写”，广告词汇追求新异的效果；余建明（2007）称词汇变异的形式主要为“造词、错拼”；徐宜良（2005）总结了“词性转换、词义变异、词的超常搭配、新词创造、词形拼写变异”等形式的词汇变异；甄晓婕（2007）则认为有“添加词缀、合成、谐音、词类转换、偶有词义、借用外来语”等形式。他们总结的广告词汇创新的方法有多种，除了单词创新外，也包括短语创新。此外，缩略词数量也越来越多。

与西方广告词汇特点不同的汉语广告并不注重词形变化、词的语法变化，而把重点放在所传递的效果方面，追求用语的诉求性、炫耀性、悬念感；要新颖活泼、不落俗套，又要准确通俗。这一方面是因为受汉语方块字字形所限，另一方面是因为汉语的语音特点——有丰富的同音异型字，因此广告人得以在词汇创新方面进行形式各异的尝试。另外汉语广告很重视对一些热点词、时髦词进行衍生变化，比如“非常可乐”中的“非常”一词从副词变成了形容词，由此衍生出许多“非常”物品和情感。“非典”这一医学术语也曾被广泛用于广告业和日常生活中，这里的“非典”成了形容词，如“非典发型”、“非典生活”、“非典开业”等。

汉英广告词汇中都有的一大特色就是借用外来语，有的研究者认为这是多语现象（multilingual）的一种体现，其中包括纯外语广告、外语本族语并存的广告。我们可以轻易发现中文的一些商品名直接从英语词汇套用、杜撰，如 Opple（照明电器）来自 apple，Sainty（公司名）源自于 saint。而英文广告中也经常可以看到一些眼生的法语字或者俄语字，这都是因为广告人想充分利用别种语言带来的陌生感，营造出“很洋、很时髦”的感觉。这背后有社会文化的原因，很多研究者也都作了心理学和社会学角度上的分析。

这些研究可以进一步完善的地方在于：多数研究都依据研究者的个人主观经验，可以进一步把词汇创新的研究建立在语料库的基础上，使研究结果更具有科学性和普适性；已经有的量化研究发现仅仅停留于表面层次，可以进行更深一步的理论探讨；汉英文广告中词汇创新使用的相同点和不同点是否体现了语言所具有的普适性特点，是否反映了汉英文化和民族思维特征的相似点和相异之处，这些都是对比研究可以继续深入的地方。

在这一部分比较研究中，作者基于以往的研究，利用自建的小型语料库（含英语广告 100 则，汉语广告 100 则，均来源于 2000 年以来的报刊、灯箱、地铁、电视、广播广告），对于汉英文广告中的词汇从创新使用方面分别加以研究，以期发现广告词汇方面的使用特点和发展趋势，以及所蕴含的中西文化的因素。

3.1 广告词汇的创新使用

语言是一种符号系统，语言符号由音、形、义三维要素构成。在索绪尔的《普通语言学教程》中，构成语言符号的词语被称为“能指”（signifier），而词语的指称对象是“所指”（signified），前者是音响形象，后者是概念。按照索绪尔，“概念和音响形象的结合叫符号”，“用所指和能指分别代替概念和音响形象，既能表明它们彼此间的对立，又能表明它们和它们所从属的整体间的对立”。（索绪尔，1980：p100–102）语言符号就是由能指和所指构成的，它们的结合具有任意性。在文字形成后，经过长期的使用，语言中的词成了音、形、义的结合体。我们也看到语言符号能指所指之间的联系并非完全的任意，实际上也存在一种受文化制约的心理联想，这点尤其体现在新词汇的产生上。

广告语言中的语言变异是与整个语言变异一脉相承的，一般意义上的语言变异往往会在广告语言中有所反映，而广告中的语言变异也会使一般的语言现象变得更加丰富多彩。

关于语言变异现象的论述，汉语学界著述很多，赵世开先生在“当前汉语中的变异现象”（1988）中分析了汉语中变异现象的四个方面：新的流行词语、商业广告语言的出现、称呼上的变化、外来词，并分析了这些变异现象产生的原因——语言优势、语码交换、分与合等。该论文是探讨语言变异比较早的一篇论文，具有预见性和开拓性。于根元先生在新词新语方面著述很多，探讨了新词语产生的语法机制和社会意义（1995，2003）。张玉来、程凯的《汉语言文字规范化研究与指导中》（山东教育出版社，1993），对于当前汉语的变异现象做了归纳：（一）语言上的变异现象：儿化音的减弱现象，声调的变异。（二）词汇上的变异现象：流行新词语，增加新词义；常用词语；大量港台词；新译外来词；缩略语增加。（三）语法上的变异现象：新的结构形式，采用词的常用现象，出现新的语法成分。陈建民在其所著的《中国语言与中国社会》（广东教育出版社，1999）中，把汉语词汇变异现象进行了归纳：（一）引进词语：引进港澳台社区词语，引进香港粤语的商业用语。（二）创造新词：官方创造的新词，民间创造的新词，学术界创造的新词。（三）启用旧词：启用建国后早已不用的称谓。启用四十年代以前流行的旧词。启用隐退多年的古代词语。（四）吸收外来词。吴为章（1999：p232）提出新词新语产生的方式主要有构词法、借词、类比仿造词、历史词语复出、古旧词语通过引申或比喻派生新义等。对照广告语言的现状，我们会发现这些分析和论述在广告语言的创造中都有对应的反映和表现，尤其是词汇上的变异现象，这和很多专门进行广告词汇变异研究的学者的论断都不谋而合：王军元认为广告词语变异现象主要有“熟语翻新”和“超常搭配”（2005：p107），周建民（2005：p95）认为汉语广告中新词汇从来源上说主要有：为其他领域已有的新词，广告中自造的新词，时尚词语中的固有词等。蔡长虹（2008：p164）提到，“广告语体创造了很多新词汇”，她具体提出了“新造词、单音化造词、字母词、外文词、数字、符号、缩略语、网络词、行业用语泛化”等形式的广告词汇特点。

对于新词的研究国内国外都有很多，在语义学和语用学领域内都有所涉及。从语义学的角度，是研究词汇的字面意思——即不依赖于语境的概念意义，而语用学研究的是说话人言语事件中想表达什么，也就是词汇依赖于语境的语用意义。因为广告语言中的新词汇（语汇）是在特定的语境中出现的词汇，涉及到广告设计者如何使用，读者如何理解，交际效果如何保证，所以，我们在本节中主要从交际和对比的角度探讨广告词汇（语汇）在各自的文化语境中的语用认知功能。

3.2 广告词汇创新使用的语用认知对比研究

时下的广告中运用新词现象愈来愈流行，因为广告就是要用新颖奇特的形式来吸引眼球，打动受众，而在广告中运用甚至创造新词，就是要给受众带来新颖、奇异、时尚的感觉，以吸引受众，提高表达效果。如：

（汉 3）最酷、最炫、最 in 的爆笑言情小说，在韩国、日本及东南亚地区掀起又一轮青春酷靓狂潮。（[韩] 金贤正《惹我你就死定了》，李敏译，九州岛出版社 2005 年第 2 版封面广告）

（英 7）Milk your diet. Lose weight！（2424 牛奶）（译文：喝牛奶，减体重！）

这里的"酷"、"炫"、"in"、"酷靓"、"潮"都是比较流行的新词汇，把这些词汇应用到广告中，让人感觉被广告的这本书一定又"酷"又"炫"。而英文广告中"milk"的用法是不同寻常的，因为"milk"一般是名词"牛奶"的意思，作为动词义，它是"挤牛奶"的意思，但是这则广告中倡导的是"节食喝牛奶，减重又健康"的理念。"milk"在这里获得了新的动词词义。

我们认为新词汇的产生是经过文化联想新生成的语言符号，它和某事物之间所形成的联系或者关系由音、形、义的结合固定下来之后，就生成了新的词汇（语汇）。新的词汇（语汇）是否被大众理解和接受，也依存于大众所共享的文化背景，如果能够被迅速解读，顺利进入交际领域，那么这个新词汇就能够流行开来，甚至进入日常语言系统，否则会被很快淘汰。

我们认为，广告语言中的新词汇为了保证它的交际功能（被理解，被接受），是基于受众的文化心理，通过对于音、形、义的创新行为而生成的语言符号。

我们在这里关注的新词主要指在汉英语广告中出现的、尤其是书面广告中出现的新词，新词既包括新产生的词语，也包括具有新义，即有某一个或更多义项是新义的词语。有的研究者采用了“时尚词语”的说法，比如贺又宁（2003）：“时尚词语是一种反映社会热点、时代风貌、具有某些特殊的文化底蕴，能体现人们求新求异社会心理，并能代表一定阶段语言潮流的通用新潮词语”。再比如周建民（2005：p95）：“新词与时尚词语是交叉关系，新词中某些词并不是时尚词语，时尚词语中则既有新词也有固有词。”

因为新的词或者词义要进入时尚领域，需要量的累计，被大众认可，但是我们观察的广告都是近年的作品，有的还达不到量的累积，也许以后会进入时尚领域，也许不会。为了研究的涉及面更广泛，作者在这里不再做新词和时尚词语的区分，凡是在广告中新产生的词，或者新产生的词义，不管是首次使用或者进入时尚领域内，都会被作者所关注。

英语和汉语广告中运用的新词有社会生活中其他领域已有的，也有广告作品自造的。我们从广告词汇在音、形、义三个方面的创新加以归纳。

3.2.1　音方面的创新

1. 谐音替换 vs 谐音错拼

汉语广告中进行词汇创新的时候，很常见的一种手段是通过对习语进行谐音替换，使原意继续留存，而新意增加，带来出人意料的效果。这是利用汉语同音字近音字多的特点，再加上习用语言便于理解，才能达到的一种效果。这既可以作为一种修辞格（双关）来看待，也可以看作是利用汉语的语音特点进行创新使用的一种典范。

谐音替换包括同音异形字替换和近音异形字替换。比如：

（汉 4）市外桃源（浏阳神农山庄别墅）

“市外桃源”是对“世外桃源”的同音替换。“世外桃源”语出晋代文学家陶渊明《桃花源记》，描绘的是一个与世隔绝、和平宁谧的社会，后常用来比喻不受外界影响、理想而美好的地方。这里“市外桃源”通过对音的创新，表达的意思就成了：该别墅建在喧嚣城市之外，入住后可以免受纷繁的世俗生活所扰。又如：

（汉 5）地酒天长（地藏老酒）

这也是同音替换的例子。“地久天长”语出《老子》，指的是：和天地一样长久。这里把“久”换成了“酒”，一方面表明了产品的特点，另一方面暗示地藏老酒会地久天长地畅销下去。

（汉 6）咳不容缓，请用桂龙（桂龙牌咳喘宁）

（汉 7）大石化小，小石化了（胆舒胶囊）

通过对“刻不容缓”的近音替换，进行了音的创新，传达出——得了咳嗽不得拖延，快服用桂龙咳喘宁这样的信息。

这里利用对“大事化小，小事化了”这一习语的谐音替换，一方面保留了原来的意义——得了胆结石，没有什么可怕的。另一方面，还突出了该产品“化石”的功效特点。

这些都是成功地利用谐音替换进行词汇创新的一些例子。但是也有很多形式大于内容的、替换不成功的例子。比如：

（汉 8）无鞋可去（鞋广告）

显然是利用对“无懈可击”成语进行谐音替换，把产品类别生嵌到成语中去，但是改后的字面不知所云，没有达到引起美感的效应。这种低效的谐音替换是广告创作中要避免的。

英语广告中也有谐音替换的现象，通过对音的创新，来营造新奇感。比如有一种治疗狗寄生虫的药品叫做“heartgard”，是 heart（心脏）+gard（guard，卫士）复合而成的，但是它使用的是 guard 的变异形式，即保留了它的读音，但是没有使用 guard 的拼写形式，这样一方面可以引导读者理解“卫士”的意思，另一方面它也保持了新颖度。还有 Evenflo（一种婴儿奶瓶），是 even（平稳的）+flo（flow，流）复合而成的，这里的 flo 是 flow 的变异形式，这样读者一方面可以联想到 even flow，另一方面也有新奇感。

通过以上各例我们可以看出，汉语广告和英语广告中都有利用语音特点进行词汇创新的实践，但是它们的表现手段存在很大的不同。汉语广告的谐音替换是使用已经存在的同音或者近音字，对人们耳熟能详的习语进行替换，以达到意义延伸，字音字形创新的效果。它的语用负荷值是这样构成的：

创新词（CX）	原词（Y）
CX 语音 =（~）Y 语音	（创新词语音等于或近似等于原词语音）
CX 语义 >Y 语义	（创新词语义大于原词义）

而英语的谐音替换，多是使用对已经存在的字进行变形异写，保留它原来的读音和意义，但是语形不同于原来的语形，有新奇感。它的语用负荷量是这样构成的：

创新词（CX）	原词（Y）
CX 语音 =（~）Y 语音	（创新词语音等于或近似等于原词语音）
CX 语义 =Y 语义	（创新词语义等于原词义）

这种不同是因为汉语和英语的语言特点。英语属于拼音文字，拼音文字纯是一种符号，这种文字直接反映读音，一个字母的差异，就可能造成读音完全不同，而意义南辕北辙，所以利用现存的同音字进行谐音替换，难度太大，或者根本不可能。但是利用谐音错拼，消费者是经过了语音的中介，激活记忆中存储的语义，达到信息的通达，但是这样错拼的词形就不再有意义上的延展，而仅仅为了新颖度；而汉语属于表意文字，文字经历了图画—象形—会意—形声等衍化，在形声字在数量上占了很大的优势，很多汉字都是由形旁和声旁共同构成的，字形信息在词义通达中起着重要作用。基于此，在利用对音的创新过程中，汉语很容易找到现成的同音或者近音字进行替换，因为消费者可以直接从替换的文字形态信息中直接提取意义，配合成语的固有信息，达到语义增加、语形新颖的目的。

2. 同字重复 vs 音节重复

汉语广告在进行词汇创新时非常注重音律的美感，这主要通过同字叠音连续重复、同字间隔重复等手段来实现。而英语广告中也存在音节重复的手段，来增强广告音美的效果，但是很少出现同字重复，这主要体现在头韵、腹韵、尾韵的大量使用上。因为用韵也是一种重要的修辞手段，我们在以后的相关章节会进一步讨论。现在我们对于韵律的讨论主要在词汇的层面上进行，强调音节的反复重现，在词汇创新方面有哪些积极的效果，以及所体现的汉英不同语言特点。

同字叠音是汉语广告进行创新造词的一种常用手段之一，同时也体现了汉语的语音特点。汉语广告表达中很喜欢用叠音，这里面有几个原因：

首先，汉语的拟声词多。而且多数拟声词语音功能强大而信息量相应减少，恰当运用于广告中时，不仅有新意，而且可以创造出美好的境界，带给读者很强的阅读（听觉）刺激性和欣赏性。如：

（汉 9）2828，咔咔就是发（28 致富网）

Kaka 音色短促而响亮，用来形容“致富路上”，是一种容易让人愉悦的声音，使人联想到面前是一条平坦而光明的大道，通向富饶的彼岸。再加上“咔咔”是演员范伟经常使用的口头语，现在通过他表达出来，更加增添了喜剧的效果。这就是简单的叠音，“咔咔”的声响，给人带来的美好感觉，而且广告余音袅袅，美妙的感觉冉冉不断。

其次，非拟声词的叠用，往往使词语增加了积极的感情色彩，同样可以制造出新颖的意境和意义。此类叠音的使用在汉语广告中比比皆是，是新词新语大家族中的一个重要成员。如：

（汉 10）晶晶亮，透心凉（雪碧饮料）

“晶晶亮”利用对“晶亮”进行叠音强调，突出饮料的视觉效果——晶莹透澈的亮！这里“jingjing”的发音，带给人一种喜欢、疼爱的感情色彩，使“晶亮”和“沁凉”成功地达成通感，让人渴望。还有：

（汉 11）你用过光雕机吗？哦？这是什么奇怪的东东？（BenQDW1625 刻录机）

这里“东东”是对“东西”中的“东”音的重叠，增加了喜爱的感情色彩，同时把“东西”戏称为“东东”，也是网络用语的一种现象，比较容易引起年轻人的认同感。还有：

（汉 12）静静得吸，吸得静静（飞利浦吸尘器）

（汉 13）丝丝缕缕，尽显自然（乘风风扇）

以上的例子可以让我们感到，叠音词在使用上带来的非凡音感美，同时也是汉语语音特点在广告用语中的创造性表现。

第三，汉语是字本位的语言，双音节词和多音节词多是以单音节词（字）为单位构成的，其中各单音节词（字）发挥着大小不等的作用，（汉 11）中的“东东”代替“东西”，是因为“东”字承担了较多的语义功能和语义信息，对其进行叠音重复增加了冗余信息量，弥补了单音节词转瞬即逝的缺点，同时又保留了使用单音节词的新颖度。

最后，在汉语中，几乎任何一个双音节词或者多音节词都可以用一个单音节词（字）来代表其意义（潘文国，1997：p175），因此对双音节词和多音节词进行拆拆装装很灵活，可以变二为四，如（汉 13）中的“丝缕”可以拆装成“丝丝缕缕”；可以变二为一，如（汉 12）中是把“安静”拆成“静”，再进行叠音重复成“静静”；还可以自由调序，如（汉 10）中“晶晶亮”也可以让人联想到“亮晶晶”。

总之，是汉语的以上特点，决定了同字叠音重复在广告中能够普遍流行的现象，同时也保证了叠音重复能够营造出较高的审美度和新颖度。

而与之相比，英语中的连续叠音词就没有那么丰富。首先，英语的拟声词不像汉语有那么多叠音。英语词汇中有以下基本的拟声词：

Meow（喵喵），cuckoo（咕咕），howl（嗷嗷），squeak（吱吱），quack（嘎嘎），croak（呱呱），hiss（嘶嘶），neigh（咴咴），等。另外还有 bleat，buzz，crackle，roar，grunt，drone，bellow，whiz，splash，fizz，clang，thump 等。相比于汉语的拟声词，基本上没有叠音拟声的例子，或者很少。

其次，英语是词本位的语言，英语的双音节和多音节词很丰富，构成词的音节有比较固定的拼写方式，这样就为英语产生丰富的韵律打下了很好的基础，也就是通过重复某个音，来实现头韵、腹韵和尾韵。

（英 8）Beautiful Beyong Belief.（美国汽车集团）（译文：不可思议的美好。）

（英 9）Strength，safety，style and speed.（同上）（译文：力量、安全、格调、速度。）

（英 10）To sell millions，tell millions.（National 广告公司）（译文：广而告之，广结商缘。）

（英 11）It's blended，it's spelendid.（Brewing 啤酒 ）译文：味道多样，同样精彩。）

（英 12）The baking aid that nature made.（Falk American Potato Flour 面粉）（译文：自然结晶，厨艺好助手。）

上面的 8–9 例是头韵的例子。（英 8）中的三个单词都以 /b/ 音开头，让人读起来能联想到产品（小汽车）的速度感。而（英 9）的四个单词则以 /s/ 清辅音开头，突出快捷如风的概念。这些都是头韵的有效运用。10–11 是运用尾韵的例子。其中（英 10）中 sell 和 tell 中有 /el/ 音的重复，同时还有 millions 两个词的重复使用，只不过前者指的是千百万产品，后者指的是千百万人，突出了广告公司的服务特点：把产品广而告之，提升商品销量。同时四个单词中都有字母组合 ll，能够让人联想到高高耸起的广告牌，它的发音 /l/ 反复出现，读来有音律的美感。（英 11）别具匠心的是前半句和后半句用词不同，意思不同，但是它们读起来发音是一样的，体现了独特的创意。（英 12）是运用腹韵的例子，广告多次重复字母“a”以及发音 /ei/，暗指产品的质量是一流的。

用韵的意义在于产生音乐效果，使广告词读起来朗朗上口，重复的音韵还可以增加记忆价值，这正是广告所追求的效果。

综上所述，汉语广告和英语广告都有采用同音重复的手段，对词汇创新使用，增加语言的新颖度。但是汉语广告多同字重复，而英语广告多音节重复。这首先基于汉语是方块字，单字是音、形、义的最小单位；而英语是字母词，音节是音、义的最小单位。另外，汉语是字本位的语言，汉语中组成双音节词和多音节词的单音字所承担的语用负荷量不同，对有语义负荷的单音节字进行重复，可以保证词义不受损失。同时一些双音节词能方便地进行拆装，通过同音重复，变二为三或者变二为四，都不影响意义的表达。另外汉语的拟声词很多都是叠音重复的，而英语则不是。这些属于语言系统的特点造成的差别。例外，还有民族深层文化思维习惯和特点的原因：汉语注重平稳、对称美，同字重复可以满足这种文化审美习惯；而英语民族注重变化、不喜欢重复，所以很少用字重复，使用音节重复一方面可以满足音律美的需求，而又有效地避免了同字重复。

3.2.2 形方面的创新

1. 汉语广告

由于汉语的方块字具有稳定的特点，所以字形创新有比较大的局限性，但是汉语的单字具有很强的灵活度和自由度，在和其他字词进行搭配的时候，可以体现丰富的创新性。

单音节化

汉语传统上就有单音节的优势，古汉语中几乎都是单音节字词，表达起来言简意赅。现代汉语虽然有双音节化的优势，但是单音节在广告文体中的应用出现了高频的趋势。这一方面得益于双音节词或者多音节词的缩略用法，一方面是因为汉语的构词方式，使其可以方便地被拆义使用。

（汉 14）炫色时代，宽享天下（松下手机 SA7）

（汉 15）中国网，宽天下（中国网通）

（汉 16）你四点半方向有一个，狙他（尚阳通信 uuphone）

（汉 17）安，全天下；稳，定天下；收，益天下（太平养老保险）

（汉 18）美味藏不住，美味炫得起（三全水饺）

（汉 19）闲妻良母（自行车广告）

（汉 14）中“炫”、“宽”、“享”；（汉 15）中的“网”、

“宽”；（汉 16）中的“狙”属于双音节词的缩略用法。（汉 17）中的“全”、“定”、“益”属于双音节词的拆义使用。（汉 18）中的“炫”属于新义。（汉 19）中的“闲”是和成语“贤妻良母”中的“贤”谐音双关，通过成语替换，突破了原词语的意义，进行了创新运用，产生了新颖的色彩和陌生化的效果。

单音节词在汉语广告中出现了词频较高的趋势，主要因为以下几点原因：

从语体学意义上来看，有些汉语单音节词有口语化色彩强的特点，如（汉 15）中的“网”表达“网络”的意思、（汉 16）中的“狙”用来表达“狙击”的意思；而有些单音节词则具有古汉语的书面语言色彩，如（汉 17）中的“全”、“定”、“益”，它们表面上看是从“安全”、“稳定”、“收益”几个双音节词中拆出来的，但是从意义上来讲，“安”、“全”、“稳”、“定”、“收”、“益”都有其独立的意思，这得益于汉语古汉语单音节词多，言简意赅的特点。

从语音学意义上来看，单音节的词汇在读的时候有短促响亮的特点，容易给人留下深刻的语音印象，恰恰符合了广告的基本诉求。我国的语言学家们对汉语的声调有着详细的研究和探讨，他们通过语音实验，发现“高声调不仅有较高的响亮度，而且比低声调具有更能抗噪音干扰的性能，高声调具有显著的响亮特征。”（张家禄，1981）。汉语单音节词的去声词占了多数，读来响亮、明快、有力，无怪乎单音节词在广告中的词频较高。

从语用学意义上来看，汉语单音节词具有主观化强的色彩，容易引起读者的认同感。

外来词

所谓外来词，就是两种语言在接触和交流的过程当中，一种语言从另一种语言吸收借用过来的词。汉语中外来词的类别花样繁多，都是利用各种语言手段对外来语成分分析后加以改写而生成的新词。根据转写手段的不同，我们可以辨认出语形转写（如 WTO，powerpoint）、语音转写（如沙发）、语义转写（如蜜月、热狗）三大类。在此基础上，还有混成型外来语（指借用外语词缀或其他构词成分并加以汉化的，如现代化）和自创性外来语（自创外语词后用汉字转写的）。

我们发现，在汉语广告中，很多产品的名称采用了自创性外来语的形式，如“美加净”（Maxam）、“昂立一号”（Only One）、“避风塘”（Be For Time）。除此以外，下面作者搜集的各例广告体现了汉语广告中常见外语词的几种形式。

（汉 20）我喜欢那种漂浮的感觉，未来就要秀出自我的个性，追寻时代的不同品位（佳能打印机）

（汉 21）渴了喝什么？让我们来听听 e 时代的 GG、MM 们怎么说（巨能饮料）

（汉 22）黑白时尚条纹，我的年轻 in 记（松下 A200 手机）

（汉 23）I 怎样就怎样（中国农业银行 –VISA i 信用卡）

（汉 16）哪有拖拉机？那是个机房的空调。听说没？他是个网络 u 侠，一天上网 28 小时——你四点半方向有一个，狙他——今天点名你没在，你小子最近 u 着点。昨天跟她……（尚阳通信 uuphone）

（汉 24）演绎女性时尚生活，r u polo ？是你吗？（上海大众）

（汉 25）难道你比我 Q ？（天喔 Q 猪小香肠）

（汉 20）中，“秀”是英文“show”的汉语语音转写词，现在成了流行语，出现在很多文体中，包括广告文体。（汉 21）中的“e 时代”指的是“电子时代”，“e”是“electronic”的缩写。GG、MM 是“哥哥”、“妹妹”的拼音首字母的缩写，这种外语词缩写形式和汉语拼音缩写在广告词汇创新中很常见。（汉 22）和（汉 23）中的“in”在英文中表示“时尚、时髦”之意，同时它和汉语“印记”的“印”拼音很接近，让人读起来有丰富的联想。同样的例子是“I”（我，同时谐音汉语的“爱”），还有（汉 16）中的“u”，一方面是暗合了产品的名称“uu 电话”，另一方面“u 侠”（游侠），“u 着点”（悠着点），是借用了汉语的拼音和英语的拼写方式。这几例是比较特殊的外语混杂的例子，可以称之为“汉英语双关”，本文认为是广告这种语体中比较特殊的一种语言现象，即一方面承载了汉语的信息，另一方面又传达了英语语码的特殊语用含义。（汉 24）“r u polo”是英语“are you polo”的戏谑式写法，本来在英文中常出现在不正式的文体（如 email，手机短信等）中，这里可以起到异曲同工之妙。稍有不同的例子（汉 25）中的“Q”，是英文中“cute”（可爱）的戏谑式写法，但是在英语中这样使用的情况并不多见，反而在汉语广告中占足了风头。类似还有如“PK”的使用，是英语词组“player killing”的缩写，但在英语中仅出现在游戏中，反而是进入了汉语之后，该表达方式获得了旺盛的生命力，频繁地出现在各种语境中。

汉语广告中外语词的出现，体现了中国广告在“全球化”和“本土化”的两种冲击下，试图寻找平衡点的努力尝试。一方面，自创性外语词和语形转写外语词直接出现在汉语文本中，体现了广告对于国际化、对于异域情调的强调；另一方面，语音转写和语义转写的外语词，以汉语的书写形式出现在汉语广告文本中，体现了对本土化的强调，更容易建立民族自尊心，更容易获得中国消费者的身份认同感。

而外语词，特别是英语词，在汉语广告中出现了越来越多的势头，首先得益于中国消费者英语水平的全民性上升。自七十年代以来，英语作为中国同国际上其他国家沟通交流的官方语言，受到全民性的重视。在中等学校和小学，英语是必修课程；2008 年奥运会使全民学英语达到了一个新的历史高潮；大城市的青年人大都有一个英语名字；白领阶层的工作语言中，汉英混杂情况很常见。这些都意味着英语在汉语文本中已经不会制造太多的信息障碍。同时，英语在国际环境中地位上升，很多国家都把英语作为自己的官方语言，这意味着英语词在广告文本中会带来积极的、高档的意义联想。

随着消费主义的盛行，随着广告语言娱乐化的趋向，这种语码混杂的广告文本已经逐渐成为汉语广告的常态。这同时也体现了语言开放性增强的一种变化趋势。曾有专家提出过“纯洁语言”的理论，认为外语词过多地侵入汉语，会带来汉语语言的萎缩，造成对汉语的污染。但是这种理论很快被更多研究者所排斥。语言是表现社会现实的，世界的开放性日益增强，语言的开放性势必随之增高。

复合法

复合法是把两个或两个以上独立的词，按照一定的次序合成新词。在现代汉语中，词汇 90% 左右是双音节或双音节以上的复合词。（魏志成，2003：p206）。复合词一大部分来源于早期的句法结构，正如功能主义语言学家 Talmy Givón（1936—）所言：“今天的词法曾是昨天的句法。”（转引自沈家煊，1994）除了句法结构的词化之外，类推是复合词的另一种主要产生方式。

在汉语的广告中，复合法产生了大量的新词汇。如：

（汉 26）和外教网恋，不恋别的只练说（全球英语网校广告）

（汉 27）德芙巧克力，丝般感受，无限幼滑（德芙巧克力广告）

（汉 28）这里是为知本家打造的理想居所（成都园丁·城南名著房产广告）

（汉 29）炫色魅惑 vs 7（audio visual slim）、炫酷商务 MX7（maximum endurance）、炫动视界（sport active）（松下手机 SA7）

（汉 26）中的“网恋”就脱胎于早期的句法结构“在网络上谈恋爱”，这一词汇随着网络的普及，已经进入了日常词汇，也出现在上述广告中。

而（汉 27）–（汉 29）中出现的新词汇则是通过类推方式而产生的新词汇。仿造词的认知基础是联想，可以是相关联想、相似联想、发散性联想、成串联想、分类联想或者综合联想等等。（蔡长虹，2008：p104）

其中（汉 27）中的“幼滑”则是脱胎于“滑嫩”→“嫩滑”→“幼滑”这种串联联想，由“嫩”而“幼”，创新出了“幼滑”这样富有新意而又传神的词汇。这种通过联想而类推出的新词汇在广告文体中大量存在。作者曾对有美白功效的护肤产品广告做过简单的统计，用来表达“美白”这一意义的新词汇就有：“透白”、“净白”、“亮白”（以上来自玉兰油广告）；“优白”、“幼白”（以上来自 IPSA 广告）等十几个。它们都是通过类推这种方式产生的复合词。

（汉 28）中的“知本家”是仿照“资本家”造的新词，意思是“以知识为财富的人”。（汉 29）中的“炫色”、“炫酷”、“炫动”等词都是读者在熟悉了“炫”这一词义的基础上进行类推构词出现的新用法。

特殊书写形式

为了吸引消费者的注意，汉语广告设计者在一些常用词的拼写形式上也煞费苦心，比如：

1. 书法体的应用。书法是汉语文化中浓墨重彩的一支奇葩，各种书法体由于各自不同的风格特点，相应地出现在不同诉求的广告中。草体，虽然难识难辨，传情达意的功能在讲究简洁醒目的广告中无法实现，但是它气韵丰厚，流畅优美，可以达到渲染气氛的作用。篆书的图画意义也大于实际含义，主要为了突出静穆古雅的气氛。隶书，字体稳重权威，容易辨识，在一些公益广告中使用的时候，让人有肃然起敬的感觉。如中国 21 世纪经济报道的广告：

（汉 30）中国创造 China Idea（21 世纪经济报道）

图 3–1

其中“国”和“创”都采用了繁体字书写的方式，增添了传统文化底蕴的厚重感，而下面配之以英语译文，又增添了国际化的感觉。

行书亲切而富有人情味，在很多家用产品的广告中常见，让人有亲切感。如：

（汉 31）花是蝶的家（房地产广告）

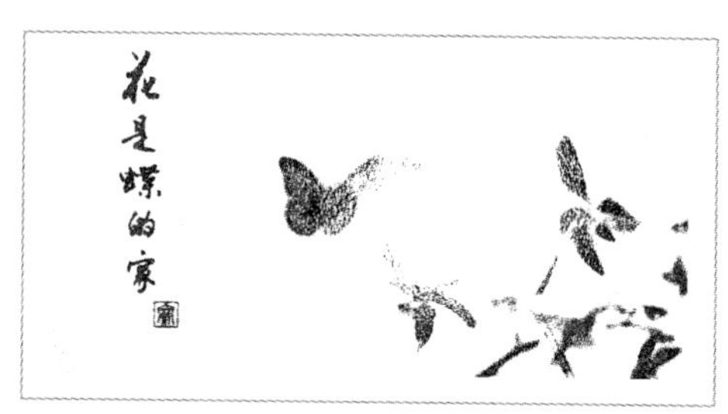

图 3–2

还有童体字，稚拙可爱，可以有效消除受众的戒备心理，顿生爱恋之情，在很多儿童用品广告中可见。如：

（汉 32）放飞你的理想（中国银行）

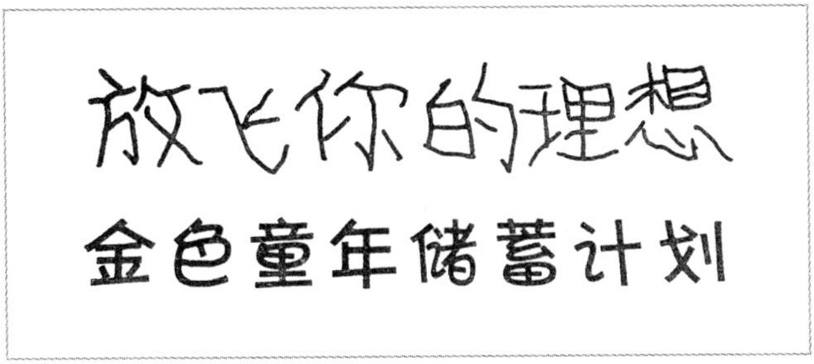

放飞你的理想

金色童年储蓄计划

图 3–3

2. 利用汉语的字体结构创造性书写。汉字历经了象形字—会意字—形声字的历史变迁，汉字的特殊结构特点在广告中往往可以产生非常的效果。

首先，利用汉字的形声结构来创新书写。如：

（汉 33）拥护　千万个用户换来千万个拥护（红桃 K 广告）

图 3–4

“拥护”是汉语当中常见的形声字组成的词，他们的形旁相同，均为“扌”，声旁分别是象形字“用”和“户”。国内知名品牌“红桃K”为宣传其产品“红桃K生血剂”便利用了“拥”、“护”形声字与其声旁“用”、“户”之间的联系和对比，产生创意“千万个用户换来千万个拥护”的品牌理念。大多数的形旁所表达的意义和形声字的意义有一定联系，而声旁对形声字的意义则有不同。此种创意方法的使用上不具备通用性，只有一些独特的形声词才能产生这种效果，对于广告设计者的语言能力要求较高。

又如：

（汉34）收账还要等多长？即时收账不延长！（中国民生银行）

图 3–5

第一个账的“长”很大很突出，让人感觉到“收账”漫漫无期，等待的煎熬痛苦跃然纸上；第二个“账”的“贝”很大很突出，在汉语中“贝”就是“金钱”的意思，所以这里的广告在暗示，接受了民生银行的业务，金钱可以很快就回到消费者的手里。

这样利用汉字的形声结构特点进行创作的佳作为数很多，比如贵州赖酒的广告，被美国《广告时代》评为年度最佳广告，它采用了水墨画的制作方法：

（汉 35）一坛老酒上贴着红纸写就的“酒”字。酒仙李白手执酒葫芦飘然而至。李白一手轻捋长髯。毛笔字“心”一笔一画出现。背景有男声念白“懒，懒，懒”酒葫芦落下，酒洒一地，“醉”字一笔一画出现。李白轻舒长臂，背靠酒坛仰面躺下，口中念念有词，出现“懒”字。满满“懒”字的“心”旁脱落，就剩一个“赖”字。旁白念：懒问俗事，心醉神逸。“赖”字跃在酒坛上，“酒”字移动到“赖”字下。形成商标。

这里采用水墨画和书法体相结合的形式，发挥“懒”和“赖”字形声字形意一体的特点，营造出不一样的“中国味道”，这也是它之所以获奖的原因所在。这一方面不仅让人感叹广告人的慧心，另一方面，汉字的绝妙也让人深深折服，体现出汉语以形象作用于思维的民族特点。

第二，还有用汉字加上其他的语系意象特点。如：

（汉 36）Can I help you？ Excuse me. Do you know？（新东方学校 2003 年）

图 3–6

上例中广告内容是英语的一些日常对话用语，但是书写形式上却是汉语的方块字。原来设计者把组成英语词的字母都拼成了汉字的偏旁部首，“生造”出了一些令人无以辨识的“语句”，暗示不学英语，无法交流，如同“目不识丁”，从而传达了广告的信息——快来学习英语吧。这样的广告针对的是有一定英语拼读能力的消费者，如果他们识别不出文案的内容，广告的效果就实现不了。

第三，还有字图结合的例子。如：

（汉 37）绿激光，让大丈夫有了出头之日（沈阳博仕男科医院）

图 3-7

图中的字是楷书体的“天”，但是在最上面的一横上，摆放了一台绿激光手术仪，使其变成了“夫”字，配合广告语中的“大丈夫有了出头之日”，把本来羞以启齿的广告内容，变得诙谐幽默，而涵义明了。又如：

（汉 38）安联大众（保险公司）

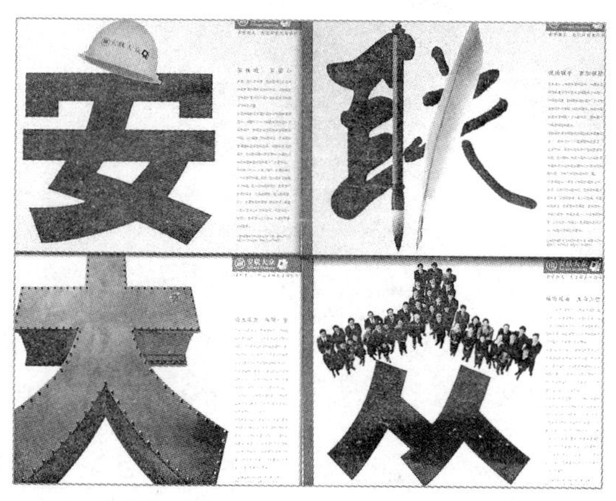

图 3-8

图中的“安”、“联”、“大”、“众”四个字都采用了字图结合的形式，把某些笔画改成了一些有隐含意义的图，如表示“安全”的安全帽图案，表示“联络”的笔，表示“众多”的人群等，都是充分地利用了汉字的构字方式，体现了形象作用于思维的特点。还有：

（汉 39）一朝结合，永不分离（惠州恒大化工）

图 3–9

上例中运用中国民间传统中代表婚姻的意象符号“囍”来表现胶粘剂的性能稳定可靠：一旦粘贴，永不脱落。“囍”取“双喜临门”之意，来源于民间传说；同时用产品造型替换喜字的笔画。但是这个创意的结合点没有必然联系，略显生硬。如果可以寻找到更合适的接合点，广告效果会更好些，不如下例：

（汉 40）喜喜（转引自王彬彬，2008）

图 3–10

将代表男女染色体的符号加入“囍”字中，与设计内涵相符。中国民间有很多文字意象图形“囍”、“福”、“寿”等，均可成为此类广告创意的资源。

2. 英语广告

英语广告对词汇形式上的创新也比较常见，而且类型丰富，有如下一些类型：

派生法

广告的重要特性就是要新颖，要能够引起大众注意，进入大众记忆，从而激发大众消费兴趣，所以，广告设计者经常在一个旧词的基础上，巧妙地加上表示某种意义的词缀来构成新词。这种由词根加词缀构成新词的方法，就是派生法（derivation）。这种构词法充分利用了英语语义和语法的屈折变化。这种词在广告中使用随便，比日常用语或其他文章中出现得多，而且呈现上升趋势。

（1）加前缀

前缀一般不改变词性，但是新词汇的意义随着前缀的增加有了变化，其中用的比较多的是 super-，用来强化产品的某种品质，比如：superfine，superlight，supersifted，superwhite 等，类似于汉语中的“超，巨”。比如我们在第二章提及的七喜的广告：

（英 3）The un-cola.（7-up）（译文：非可乐。）

是在 cola 的前面加上了前缀 un-（非，不是），创造了一个引人瞩目的新词，既借用了 Coca-cola 的名气，又突出了它和可口可乐的不同。

还有的前缀是借用读者的想象，来完成新词汇的创造。比如 Ritz 有一种饼干叫做“Triscuit”，这个词是前缀 tri-（三）+scuit，它借用的就是读者对于原词 biscuit 的熟悉，把 bi-（二）换成了 tri-，这样饼干 Triscuit 就让人感觉比一般的饼干所含的营养更丰富，或者口味有更多选择。

（2）加后缀

在英语广告中，加后缀的构词方式比加前缀更为普遍。加了后缀的词，不仅改变了原词的意义，有的也改变了词性。其中形容词后缀 -y 常常用来表明产品具有某种品质，类似于汉语中的"……的"或者叠字结构，这一后缀不仅出现在常见的日常词汇中，还出现在大量的新造词汇中，如"bubbly，minty，poppy，oveny"。

很多食品广告和化妆品广告中都大量使用这一词缀，就是因为"-y"具有强大感官描述性，比如"chewy，chunky，creamy，crispy，flaky，juicy，meaty，minty，nutty，porky，silky，spicy"等。有时它描述直接的感官体验（看到的，听到的，闻到的，尝到的），有时又利用指称模糊性，形容类似的感官体验（像……似的：silky，meaty，oveny，chewy 等）。还有：

（英 13）You're not fully clean until you're Zestfully clean.（Zest 牙膏）（译文：用过 Zest 牙膏，才算真正地清洁。）

这则广告把名牌名 Zest 当做普通名词使用，后面加了 ful 和 -ly 两个词缀，把它变成了一个新的词，表达了"富有 Zest 特色地"的意思。

还有的后缀是非常规的，比如 Lancome 有一款香水，叫做 Magnifique，这个词是使用了 -que 这个后缀，但是这个后缀并不是已经存在的词缀，设计者只是借用 -que 的发音 /k/，让读者联想到"magnificent"（译文：好，美妙）这个词，或者"magnify"（译文：放大），从而对这款香水产生积极的想像。

复合法

复合法是指由两个或两个以上的单词按照一定的规则和次序构成一个新词的方法。用这种方法构成的新词叫做复合词（compound）。在广告英语中，这种方法能够简洁有效地实现表达意图，因为读者很容易根据旧词的词义或背景猜出所造新词的用意。比如 top-quality，economy-size，farmhouse-fresh 等。复合词的写法有三种方式，如合拼：rosered（译文：玫瑰红）；加连字符：first-class（译文：一流），best-in-class（译文：一流），fussy-eater-pleaser（译文：挑剔的食客喜欢的食物）；分写："so many ways" cheese（译文：多口味多吃法奶酪）等。

在复合而成的商标名中，有各种类型的[1]：

名词型：fussy-eater-pleaser（译文：挑剔的食客也满意）

主谓型：Iams（I+am）（宠物食品）（译文：就是我）

动词型：Grab-with-one-hand-and-open-easily doors.（译文：单手可开型门把手）

其中由超过 3 个词复合而成的词一般都是并列出现，让读者发现某种规律，从而更容易解读广告的意思。比如下面的这个广告，如果在其他的地方发现这些新复合词，可能读者会很迷惑到底是什么意思：

（英 14）

[1] 下面各例不是完整的广告文案，故不加序号。

The New Year's Resolution Diet

The First-Real-Date-in-Two-Years Diet

The Wedding Day Diet

The Honeymoon Diet

The It-Can't-Be-Summer-I-Haven't-Lost-Any-Weight-Yet Diet

The I-Wish-I-Was-Her Diet

The Before-The-Baby Diet

The After-The-Baby Diet

The If-Fergie-Can-Lose-It-So-Can-I Diet

The Why-Does-Lycra-Have-To-Be-So-Popular Diet

这是刊登在 Cosmopolitan 上的一则减肥广告。如果上面这些大量的复合词不集体出现在一起，单独的解读，恐怕是一件很有挑战性的事。但是这些复合词在一起，就营造出一个特殊的语境氛围：一个女孩子经历着决心减肥、恋爱、结婚、生孩子、坚定决心减肥、减肥未果沮丧的过程。所以，复杂复合词集体出现，会提升解读可能性，增加阅读愉悦感，达到广告所预期的效果。

复合法在英语广告中呈现出越来越受欢迎的态势，这个特点体现出了和汉语相似的修辞特点。因为汉语的语序和思维的过程是一致的，有修饰语前置、中心词居后的特征，而英语的规则是：如果修饰语超过了一个词，通常应置于中心词的后面，和思维的过程是相反的。如“粉红女郎酒”广告：

（英 15）Sophisticated，sweet–to–drink Pink Lady Wine.

（译文：成熟甜美的粉红女郎酒。）

如果按照正常的语序，本来应该是：

Pink Lady Wine sweet to drink

或者

Pink Lady Wine which is sweet to drink

但是现在，广告利用复合法使修饰语连缀在一起，放置在中心词的前面：“sweet–to–drink Pink Lady Wine”，这符合了人们的思维过程，也利于消费者接受产品信息。

拼缀法

拼缀法指对原有的两个词进行剪裁，舍取其首部或尾部，然后连成一个新词。借用这种方法构造的新词叫做“拼缀词”（blend）或“行囊词”或“合成词”。从构词角度看，它不同于派生法，因为它不改变词义和词类，只是增加词义内容；它也不同于复合法，因为它是由两个或几个不完整的词拼缀而成的；同时拼缀词也与节缩词不同。从文学角度看，一般语法或词汇学书籍把“拼缀词”当作临时语或戏谑语。

拼缀词使用灵活，有助于节约字节，并且能增强语言的生动性，所以被许多广告设计者看好，也被广大消费者接受，广泛地出现于广告中。如：

（英16）You can'top this caramelicious snack.（Quaker Rice Cakes）（译文：你无法超越焦糖美味。）

这里的caramelicious就是caramel（焦糖）+delicious（来自于delicious美味的）而拼缀成的新词，这个词既传达了产品的信息，还对产品进行了积极评价，又保留了新颖度，可谓一举多得。

（英17）Slim-Fast Optima.（减肥食品）（译文：极速瘦。）

其中的optima就是剪取了optimum（最好的）中的optim部分，加上-a这个音素，而构成的一个新的词。

很多广告都会把自己的产品商标名拼缀到广告词中去，这样可以给读者留下深刻的印象，比较有代表性的是Linn Motor Group的广告：

（英18）Linndividual Linnengineering Linntelligent Linnvironmental Linntensive care AdrenalLinn Linnvestment Linn Motor Group

这则广告中的每一个词都是用Linn产品商标拼缀而成的，有Linn+（in）dividual（个性化），Linn+engineering（工程），Linn+（in）telligent（智慧），Linn+（en）vironmental（环境的），adrenal（lin）（兴奋的）+Linn，Linn+（in）vestment（投资）。产品商标反复出现，可以给人留下深刻的印象。还有：

（英 19）"Okaze" your plates，"okaze" your breath.（Staze Inc）（译文：假牙 ok，口气 ok。）

这里的"okaze"是创造的新词汇，通过把形容词 ok 和公司名称的部分"aze"结合起来，创造了新的动词"okaze"，意为"使之处于良好的状态"，这样既宣传了产品的功效（清洁假牙），又宣传了公司的名称。

类比构词法

类比构词法（或称比拟构词法）是仿照原有的同类词创造出其近似词或对应词。词汇学研究者一般将这种构词法大体分为色彩类比、数字类比、地点空间类比、近似类比、反意类比等等。广告英语丰富了这类构词词库，也出现了一系列有创意、诙谐风趣的新词汇。如：

（英 20）A mom always looks out for her number ones. And their number twos.（卫生纸）（look out for number one：只关心最重要的人不考虑其他；number two：这里暗指他们的上厕所问题。）

又如：

（英 21）"Me time" should always have caramely drizzles on top.（Quaker rice cake 蛋糕）（译文：我的时光永远有焦糖美味相伴。）

这里的"me time"就是仿效 n./adj.+time（……时光）而构成的，像"war time，summer time，old time"等，日常词汇中鲜有"me time"的说法，但是这样的短语很容易让人理解，是"属于自己的时间"。还有：

（英 22）Is your office still in carbon age？（复印机）（译文：你的办公室还在碳素复印时代吗？）

Carbon age 就是仿效 n.+age（……时代）的结构而构成的。通过反问，暗示"碳素复印"已经过时，应该用复印机来代替。又如：

（英 23）Children of today play hard-and they need to eat hard，too. Give them New Zealand Cheddar Cheese-a good，body-building food for stamina.（奶酪）（译文：现在的孩子们玩得疯，需要吃得好。给他们 New Zealand Cheddar 奶酪——长身体，耐力好。）

这里的 play hard，eat hard 是仿效 work hard，think hard 而使用的，它们在日常词汇中很少见。还有：

（英 24）To lighten the burden of womankind.（Crystal

Washer)（译文：减轻女人一族的负担。）

这则广告宣传的是洗衣机，其中的“womankind”是仿照“humankind”创造的新词，表示“女人一族”，强调了其目标消费者。

特殊书写形式

（1）在普通词汇上加特殊字母，其中 X 比较普遍：

Timex（time+x）；Kleenex（clean+ex）；Plax Worx（Play+x，Work+x）。

还有加 a：

Splenda（splend+a）

（2）在普通词汇中替换某些字母，保留原有读音：

（英 25）What could be delisher than fisher（delisher—delicious）？（钓鱼）（译文：还有比钓鱼更美妙的事情吗？）

（3）重复普通词汇中某个字母：

（英 26）Frrrresh.（奶油）

（英 27）Coooool.（饮料）

（英 28）If You Find

My s–s–s–stammering

F–F–F–F–Frustrated you，

How Do You Think

I F–F–F–Feel？（口吃研究组织）（译文：如果你……你……你……感觉我说话口……口……口……吃让你头痛，那么你认为我感……感……感觉如何？）

（4）把普通词汇中某个字母采取特殊书写方式

（英 29）ACK to sleep！（床垫）（译文：酣睡。）

这里的 back 中的 B 被一个睡觉的小婴儿的图片所代替，马上让人联想到像婴儿一样酣睡的情景。

还有一则银行的理财产品广告：

（英 30）I want a PEP（personal equity plan）that lets me invest mor £.（译文：我需要 PEP 方案，让我获益更多。）

这里 more 中的 e 被写成了英镑符号的形式，让人马上联想到钱。

还有类似的 Craving $avings？中的 saving 的 s 被写成美元的符号，也让人有类似的联想。

3.2.3　义方面的创新

汉语广告中因为广告语境的加入，原有的词义得到了扩张，旧词旧句有了更丰富的内涵，启发了人们的新感受，丰富了人们表达的能力，给日常生活增添了色彩，给语言系统增添了研究的内容。这种创新的现象主要有两种：

一是原用法扩大，也就是搭配创新。比如：

（汉 41）明天由我记载，未来因我勃发，世界因我宽广（泛泰手机）

（汉 42）呵哈漆，刷新我们的生活！（呵哈漆）

（汉 43）和刘翔一起 2008（耐克）

（汉 44）不要太潇洒哦（雅戈尔衬衫）

（汉 45）游戏、音乐，影像，面面俱到。SA6 非常娱乐，随我玩。（松下 SA6 手机）

（汉 46）非常可乐，非常选择（非常可乐）

（汉 47）我呷哺，我健康，我快乐。今天你呷哺了吗？（呷哺火锅）

（汉 41）中出现的“勃发”本来没有“勃发未来”的用法，但是因为这出现在广告语境中，从韵律上看，应当是“记载明天、未来勃发、世界宽广”的一种排列，这种离析句的结构赋予了“勃发”这一词新的搭配形式。

（汉 42）中的“刷新”用来形容油漆，让人联想到“刷新纪录”、“刷新居室”，现在广告中的搭配“刷新生活”让人有耳目一新的感觉。

（汉 43）中的“2008”作为一个数词，用在“一起”的后面，从语法结构上看是一个 VP 结构，所以在这样的语境中，是“共度 2008 奥运年”的意思。同样的，（汉 44）中的“不要 X”从惯常的语法搭配上来说，多数都是 VP 结构，后面多是动词，但这里“太潇洒”却是形容词，属于新的搭配形式。

（汉 45）、（46）中出现的“非常”惯常的搭配是“非常+adj/adv”，但这两例中搭配使用了名词，表示“不同寻常的”之意，也是创新使用的范例。

（汉 47）中的“你 X 了吗？”句式中的 X 通常应当是动词，而这样直接使用“呷哺”作为谓语动词，表示“吃呷哺火锅”，也是匠心独具的设计了。

除了扩大词汇的搭配意义，还有通过旧词新用来增加词汇的意义和用法。旧词新用的现象有多种，包括古词新用，褒词贬用，贬词褒用等。如：

（汉 48）让世界看看中国的颜色（立邦漆）

（汉 49）吃不了，兜着走（饭馆）

（汉 48）中的“看看 X 的颜色”是汉语习语“给你点颜色看看”的转化，这本来是威胁或者挑衅的话语，但是用到立邦漆品广告中，“颜色”有了双重的含义，贬义转化成了褒义：“让世界看看在中国刷出的颜色”，同时还蕴含了“让世界看看中国人的风采”。同样的，（汉 49）也是汉语中常用的一句俗语，同样因为广告语境的介入，突破了原有的旧色彩，获得了新的色彩，由原有的挑衅语气变成了饭馆提醒消费者不要浪费的一句忠告。

英语广告中也有类似的词义延伸（semantic extension）的例子，这甚至成了新词汇产生的一种重要途径——类转法。

如 xerox 本来是一种复印机的名称，但是因为这种产品品牌非常流行，所以 xerox 就延伸出了“复印”这一词义，进入了大众词汇。类似的还有 hoover（胡弗牌吸尘器）延伸成为 hoover（吸尘器），Caterpillar（卡特皮勒牌履带拖拉机）延伸成为 caterpillar（履带拖拉机），Nylon（尼龙牌纤维制品）延伸成为 nylon（尼龙织品），这些都是从专用名词延伸成为普通词汇，进入日常词汇的典型例子。两者之间唯一的不同是：专有名词要大写首字母，而进入日常词汇后不再大写首字母。

还有的词基于原词的意义，延伸出新的词性，这种类转的类型有：

形容词→名词：

（英 32）Make your reds red, and whites white.（Clorex 洗衣剂）（译文：让你的红色衣物更红，白色衣物更白。）

名词→形容词：

（英 33）The coffee–er coffee.（S.A.Schonbrunn & Co.Inc）

这则广告中的 coffee 本来是名词，但在其后加了形容词比较级的形式“er”，而使之有了形容词义，意为“更有咖啡味道的咖啡”。

名词→动词：

（英 34）Milk your diet.（2424 牛奶）（译文：多喝牛奶。）

（英 35）Don't tape it. TDK it.（TDK 电子企业）(译文：不要录像带；要 TDK。）

（英 36）Did you Maclean your teeth today?（Maclean 牙膏）（译文：你今天 Maclean 你的牙齿了吗？）

（英 34）中的 milk 本来是名词，做动词义是“挤牛奶”的意思，但是在“milk you diet”这种搭配中，它显然是“在饮食中包括牛奶”之义。具备了动词义“喝牛奶”。

（英 35）中的 TDK 本来是企业名，是一个名词，但是在这里做动词用，意为“用 TDK 产品录音”。（英 36）也是类似的用法。

动词→名词：

（英 37）Look-alikes aren't cook-alikes.（Idaho Potato Growers Inc）

这则广告中的“look-alikes”和“cook-alikes”本来是动词短语“look alike”和“cook alike”，但是现在把它们作为名词用（后面加了 s 显示复数形式），如此处理，一方面要达到押韵的效果，一方面突出了产品特点“看起来一样，做成的食品可不一样”。

形容词→副词：

（英 38）Think different.（Apple 电脑）（译文：思想大不同。）

Different 本来是形容词，而这里需要的副词 differently，这样使用是为了突出“不同”的产品特点。

除了词性得以延伸，词的色彩变化也使旧词获得新义。比如：

（英 39）Loser.（Cuur 减肥产品）

Loser 本来是“失败者”的意思，但是这里它指的是“weight loser”（减肥成功的人），loser 的词语色彩从贬义变成了褒义。

3.3 汉英广告词汇创新使用相同特点的语用认知分析

3.3.1 新词数量与日俱增

汉语广告和英语广告中都出现了词汇创新的发展态势：数量与日俱增，来源多种多样，形式日益简洁。我们在上文中主要做了语内的分析，揭示了新词数量与日俱增的语言学基础，分别从音、形、义的角度分析了词汇创新的形式和类型。下面我们看导致广告新词剧增的社会使用环境的因素。

首先，这顺应了社会科技发展的客观现实。语言是对客观世界的反映，二十一世纪科学技术迅猛发展，信息革命势如破竹，随之而来的是社会生活日新月异的变化和人类认知能力的增强，于是应运而生的是表述新事物的大量新词汇；广告语言作为一种媒体语言会不加排斥地反映社会存在，出现的新词汇也将覆盖生活中的科技、法律、娱乐、工农业等各个领域，因此新词汇的来源是多渠道、多方面的。

另外，这顺应了广告语言的商业性质。人们认同并接受广告语言的商业性，这使得广告语言的语法限制比在任何其他语境中都宽松，而读者对新词汇的容忍度相对于其他语境也较高，所以新词汇的大量涌现就不足奇了。

当然，新词汇较之日常词汇具有更强的直接感官刺激性，能够引起读者的兴趣，在信息爆炸的今天，消费者的兴趣点就是生产商的经济生发点，所以广告工作者会不遗余力地追求词汇新奇的用法。

广告新词汇的大量出现和使用不仅是广告语言的一个现象，它还对普遍语言的发展起到了推动促进作用。它为语言学的研究提供了相对特殊的语料，为文学语言提供了多变的选择。

3.3.2 单音节化趋势

汉语与英语分属两个语系，其结构、发音等各方面均有差异。从语言类型学的角度看，汉语与西方语言也是大相径庭，汉文化也有别于西方文化。但是，在近年来的汉英广告中都出现了单音节词频上升的趋势。

我们上文总结汉语广告词汇出现单音化趋向的时候，探讨了其在语体、语用、语音意义上的原因，这些因素同样适用于英语广告。

在广告创作中，有一个 KISS 原则，是“keep it simple and sweet”（尽量简洁和优美），这里简洁也指音节上的简洁。比如在对于英语广告词汇的调查统计中，词频出现最高的前 5 个词：good，best，cool，new，quality，其中单音节词占了 4 个。再如下面的这则广告中：

（英 40）Get straight to the point.

The ExtraStright Collection get hair that looks seriously straight for up to 18 hours. No matter what curves life takes.（潘婷 ExtraStraight 系列）（译文：潘婷 ExtraStraight 系列使头发顺直长达 18 个小时，不管生活如何曲折。）

在上文的这则广告中，共有 25 个字，但是除了产品的名称 ExtraStraight 之外，共有 21 个单音节词，占了 84% 的比例。可见单音节词在广告中受青睐的程度。

从语外因素上来说，单音节化的趋势符合生活节奏加快的客观现实。世界进入商品社会，求得利润最大化、成本最优化是商品生产者的追求目标。因此，广告用词简洁，节约版面，能够准确迅捷地总结产品特点，能够快速精准地抓住消费者的注意力，并诱导他们完成对产品的接受和购买，就成了生产商对于广告创作的基本要求。这使得用词简洁成为广告语言的发展趋势。

3.3.3　新词的溢出效应

语言和文化之间是“相互依存的关系，颇似形式与内容的相互作用，一方面语言系统本身是构成文化大系统的要素之一，另一方面文化大系统的其他要素都必须由语言来表达，从而得到演进发达”。（林纪诚，2002：p76）广告语言的词汇创新依存于基于民族语言文化所进行的文化联想，对于创新词汇的理解也依存于对于民族语言文化的共享，这是在汉语和英语广告中同样适用的原则。但另一方面，广告语言对于语言系统也有反作用，其中一种就是广告语言对于日常语言的“溢出”效应。

广告语言的内容作为大众社会文化，在借助媒体进行传媒的过程当中，不仅起到了广告宣传的效果，同时也被大众广泛接受，广告语汇“溢出”、“渗透”到日常语言系统中，被大众接受，甚至被大众津津乐道，起到意想不到的语用效果。这就是广告语言对于语言系统的反作用。

我们在上文分析过英语的一些专用名词延伸成为普通

词汇，进入日常词汇的典型例子，如 xerox，nylon，hoover 等，都是广告语言“溢出”效益的表现。同样的还有汉语广告的一些语言现象进入日常语汇的例子，如“吃嘛嘛香，身体倍棒”（蓝天六必治）、“地球人都知道”（北极人保暖内衣）、“不要太潇洒哦”（雅戈尔衬衫）、“今天你呷哺了吗”（呷哺火锅）等，这些广告语汇因为其新奇独特的表达特征，在被大众接受了之后，迅速进入日常语言系统，被广泛地运用在其他如新闻、文学、口语交际、艺术领域内，勃发了更强的生命力。

所以，广告语言不仅是语言的特殊语用形式，本身也是对现代商品社会文化的反映，而且通过媒体的有效宣传，其潜移默化的“溢出”效应使其得以渗透到主流社会的语汇中，丰富了社会语言和文化。“语言系统是开放的梯形结构，靠下的比较稳定，能产。靠上的比较活跃，比较充分地显示了语言的全息。靠下跟靠上之间的律动可以说是喷泉现象。”（于根元，2002）广告语言作为语言系统的外层结构，直接反映人类社会的发展变化，因而比较活跃。而溢出渗透到社会用语中后，使语言系统呈现新颖的色彩。“人天生需要丰富的色彩，孤独、单调对人无疑是致命的打击，我们的语言体系在运动中一定要保持丰富的色彩，所以要不断地显现地方色彩、新颖色彩、外来色彩、现代色彩等，为我们的普通话提供营养，满足我们交际的需要。”（于根元，2005）广告语言在帮助语言系统保持丰富色彩方面，显然有着天生的优势。

3.4　汉英广告语言词汇创新使用不同特色的语用认知分析

3.4.1　表音性和表义性的区别

同样是语言符号能指与所指关系的随意性，不同语言文字的组成形式是不同的。这是因为人在选择一个符号表达概念的时候，总要受到语言内部的和社会的双重制约，这种选择都是有理据的。汉语的文字基本构料是笔画，文字是由不同笔画以不同方式堆积和搭配而成的，其组合方式是图画式的，文字的形状和组合方式往往体现出文字的意义。而英语是拼音式的，由不同的字母以不同方式依次排列为线条形状。文字的形状和发音有紧密联系，但是和意义联系不大。汉英广告中新词汇的来源与构成从某种角度上可以考虑为英语表音性和汉语表义性的一种区别表现。

汉语是表义性强的语言。比如“山”看上去就是一座山峰；“哭”的两个“口”像两只眼睛，而“大”上的一点看起来就像流下的眼泪，整个“哭”看起来就是一张哭泣的脸。汉语广告基于汉字的特点，重视利用汉字的构型特点。比如，悦康药业的广告中，就把“悦”字中的“兑”设计成一张笑脸，让消费者一看到这个字，就想到一张喜悦的笑脸，从而联想到药的积极疗效。

另外汉字的形声字已经达到 90% 以上，义符的表意能度在词汇创新的过程中也起很大的作用。中华民族认识事物的直观具象特点和汉语词语音形义结合的文字特征都对汉语广告词汇创新有很大的影响。选用什么新的汉字符号组合，来表达广告信息和广告概念，是通过有典型汉语文化特点的思维来起作用的。

而英语是表音性强的语言，广告中更强调读音的韵律感。比如 Dunhill（登喜路）的品牌名来源于它的创始人 Alfred Dunhill，本国人不会下意识地去把 dun 和 hill（山）拼读在一起去理解它们累加的意义，如果那样做的话，还容易被人联想到 down hill（下山，下坡），反而有了不好的效果。还有 Coca-Cola，在英文中本族人关注的是这个词中的音节读起来的韵律感，朗朗上口。但是在汉语中，“登喜路”里的“喜”，和“可口可乐”里的“可口，可乐”不仅仅是音的标记，更重要的是它们的表意性可以在人们的心中制造出积极的反应。

所以英语广告新词汇更注重音律美，而意义是第二位的；但在汉语广告中，新词汇重视的是以形构义，每一个字都尽量制造和映现积极的客观世界图像，以引起人们的购买欲，留下积极的印象。

3.4.2 字本位和词本位的区别

汉语广告中的单字具有较高的自由度和灵活性，在和其他的字组合在一起的时候，就可以被读者读出新颖度较高的意义来。比如：止咳药水的广告——“咳”不容缓；

手机的广告——“机”不可失；中国电信国际长途广告——千里“音”缘一线牵；打印机广告——一“部”到位等。这些广告用和产品相关的单字替换熟语中谐音的单字，利用受众对于熟语的熟悉程度和其中体现的美好意境，使受众一方面对变化感到惊奇，同时不知不觉地将所宣传的商品和广告的语义内涵联系起来。

另外汉字字体的字体构造特点使广告人在进行创造的时候，有了很多发挥和想象的空间。汉字历经了图画—图画文字—象形字—会意字—形声字的演变历程，汉字的音形义结合的特点是独有的，很多成功的广告文案利用了汉字构型特点，改变字的某些笔画或者书写形式，丝毫没有影响人们的理解，反而增添了很多的感情色彩或者联想意义，这在英文中是很罕见的，因为英文是拼音文字，一个字母的改变也会改变整个词的意义。

英语是词本位的语言，语义是以词素为最小单位体现的。所以派生、复合、拼缀、类比是很常见的构词方式，都是直接在词形上变化而获得新词新义。

另外汉语的兼语现象比较普遍，一个字可能有多种词性，但并不由字形体现，而是取决于它所处的句子环境，它可能是名词、形容词、动词、副词等。但是英语是有屈折变化的语言，通过词语的屈折变化，比如添加后缀、显示名词复数形式、显示形容词比较级形式等手段，就出现了词性变换的情况。

3.4.3 外来词的区别——望字生义和全盘保留

外来词的来源、形式和比例在汉语广告和英语广告中有很大的区别。汉语广告中的外来词多数都来源于英语。改革开放以来，我们和西方文化频仍接触，英语的全球普及使得国人的英语水平越来越高，人们对外来词语的接受能力大大提高，所以广告中的英语词能够被读者理解，甚至一些不常见的英语缩略形式也能够被认出，比如“谁能比我Q？”和“r u polo”中的缩略形式。

多数的英语词还是通过音译和意译或者音译意译结合的形式出现在广告中，即以汉语词的形态使用，同时音译词越来越少。这与汉语本身的特点有关。汉字几乎都是语素，是表义性强的语言，可以“望字见义”，只记音而无实义的字极少，因而转音型外来词的数量自然就受到限制。进入汉语的外来词，大多都被按照汉语的特点加以改造，有的最终被地道的汉字所替代。有一些词实在难以用已有的字、词表达时，才选择音译，中国广告语言中的外来词就属于这种情况。

另外，在近些年的广告中，出现了“英汉语双关”的现象，比如：“青春in记”，和“I怎样就怎样”中的字母词通过和汉语拼音的对应关系（in和“印记”中的“印”，I和“爱”的发音），一方面间接运用汉字的“望字见义”特征，另一方面保留了英语字母的形式和意义，一语双关。

最后，汉语广告中英语杂陈的现象比较明显，甚至已经成为了一种潮流。这一方面显示了汉语的开放度日益提高，国民对于英语的接受程度也水涨船高。同时，由于广告文体的特性，英语杂陈的形式可以让消费者产生积极的联想，所以这种语言现象有积极的方面。但是，我们也不能否认，有很多的英语使用不够规范，甚至是错误的，比如：

（汉 48）走中国道路，成功，让我们感受喜悦。

On China Way. Success, what lets us enjoy.

走中国道路，速度，使我们一日千里。

On China Way. Speed, what enables us reach.

走中国道路，挑战，使我们坚忍不拔。

On China Way. Challenge, what makes us tough.（佳通轮胎 2003 年）

上例中的英语在语法上就是错误的：On China Way 并不符合 way 的习惯性搭配，也不是“走中国道路”的意思；其次，广告文案中出现了三个定语从句，它们的引导词用“what”是错误的，应该是“which”；另外，“speed, what enables us reach”应该为“speed, which enables us to reach”。这对于通晓英语的消费者来说，会让人觉得啼笑皆非，从而联想到该产品的质量也不可靠；而对于那些对英语并不熟练的人来说，容易误导，让他们认为英语就是这样使用的，尤其对于儿童的语言学习有负面的影响。

英文广告中的外来词几乎都可以保留他们原来的形式，这也和英语语言特点有关系。英语是拼音文字，它和同属拉丁语族的法文、西班牙文、意大利文等在拼写甚至发音上没有很大的区别，所以这些语言中的词汇很容易被接纳。另外，英语本身就是在融合了很多语言词汇的基础上发展的自己的词汇，所以在词汇开放性上要好过汉语。

3.5 汉英广告词汇创新运用的规范化研究

广告对于创新的追求是积极的，一语出彩，可以让整个广告熠熠生辉，令人过目不忘。但是广告中的创新运用也要考虑语言的规范性，不能单纯以标新立异和哗众取宠为目标，却破换了语言文字的美感。尤其是随着广告的普及度越来越高，几乎成为了人们生活不可分割的部分，广告词汇对于日常语言也有“溢出”效应，这就要求广告词汇的使用也需要考虑语言的使用规范。

很多学者已经开始忧心广告语言对于汉语的破坏性了。比如潘文国（2008：p38）在《危机下的中文》中，就用“广告语言：有人欢喜有人忧”这样的标题表达了这样的忧虑。他举了大量广告中乱改成语的例子，认为这些“跟商品没有太大的关联，语音、语义上很难引起相应的联想，……是为改而改，那我们只能把它归为有意破坏成语、破坏语文使用规范了”。他收集了大量立意不高的这类例子，如：

蔚然晨（成）风、烧（稍）胜一筹、有痔（恃）无恐、油（有）备无患、与众不痛（同）、天尝（长）地酒（久）、喝喝（赫赫）有名、妹（魅）力无穷、穿（川）流不息、百衣（依）百顺、食（十）全食（十）美、喜（洗）出望外、一网（往）情深、净（尽）如人意……

对于成语的创新运用应当建立在美感的基础上，并且能够让读者得到明码、暗码两套信息，保证信息压缩的功能，不能纯粹地为了改而改。音美、意美、形美的成功例子固然难求，但是也不能任由低劣的篡改破坏广告文体、贻害汉语。

潘文国先生还举了一些用语暧昧、莫名其妙的例子，也是广告设计者们应该引以为鉴的：

XX，袭击北京

XX，亲吻北京地产

XX，撞击了休闲生活

当休闲遭遇 XX

他认为，这是“随地堆砌辞藻，生造词组”，是“颠三倒四、不知所云的胡话”，是“所有合格的中小学语文老师的噩梦”（2008：p43）。最后他得出结论：一方面，广告在语言的魅力发掘上可谓登峰造极，各种新的语言花样层出不穷；另一方面，广告的实际召唤力和作用力在明显下降。（同上）

又比如英语杂陈现象，有些外语词运用得当，会增加广告语言的新颖度，吸引消费者的注意力，引起积极的联想，达到良好的广告效应。但是有些广告文案中的英语杂陈其实并没有起到积极的效果，反而因为用法不规范起到相反的作用。另外，有的文案没有顾及到语言接受者的接受能力和习惯，过于晦涩，也应该注意避免。

这提示我们要辩证地对待广告语言的创新性。一方面，创新是好的，尤其是对于广告这种特殊的问题，有新颖度才能吸引读者的注意力。但是这种创新要建立在尊重汉语和英语语言美感的基础上，不能随意破坏语法，同时，也要兼顾信息的传达。当然，我们也不要过分地夸大广告语对于语言的破坏作用，过分渲染对广告创新的恐惧，毕竟，许多广告语是一种商业用语，它的性质决定了它是在有限定的语境中和人们进行信息传递的。人们之所以对广告语言中出现的创新采取宽容的态度，甚至欣赏和把玩，就是因为它有文体的特殊性，不同于我们的日常用语。当然，我们还是呼吁广大广告创作者要遵守语言创新的基本原则。

于根元先生和曹志耘先生在他们的著作里归纳了新词、新义、新用法的运用原则：

其一，以增强语言文字表达能力和效果为目的，即广告语言里的新词、新义、新用法填补原语言系统中的空缺，而造成新奇、醒目、生动的艺术效果。

其二，遵循、执行语言文字的政策和法规。从民族语言文字的健康运用和发展以及国家政治经济的利益和文化教育事业出发，制定相应的语言文字政策和法规。因此，任何人都应该有责任自觉遵守，不应自行其是。尤其是对影响大的广告语言。

其三，符合语言文字自身的结构规律和运用规律。语言是个亚稳体。广告语言是语言的最外层，很灵活。不过它离不开语言，应在基本词和基本义的基础上按照结构和运用规律来运用和创造新词、新义、新用法。

其四，尊重受者的语言文字接受能力和习惯。广告以受众的理解和接受为前提，才能传递商品信息而得到预期效果。因此，广告语言里的新词、新义、新用法应从受众的实际情况出发而运用、创造。创新是帮助广告语言更有效地传递信息，而不是为创新而创新。广告语言的新词、新义、新用法如果完全摆脱传统语言文字的约束和限制，打破语言文字运用的现成章法，就会失去广告效果，带来相反的结果。

第四章　汉英广告语言句式经济性特点的对比研究

上一章中我们分析了汉英广告语言中有关词汇运用的一个重要的特点——创新性，这一章中我们针对广告句式经济性[1]的特点进行对比分析。这种经济性主要可以通过语言的模糊性[2]成分省略和隐形连贯来实现。

---

[1] 美国学者 George Kingsley Zipf 提出了语言的省力原则（the principle of least effort），指用最小的代价换取最大的收益。但从说话人的角度看，用最少的词表达所有的意义最经济；但从听话人的角度看，一个词一个意义最经济，这样理解起来不费力。所以，真正的省力是“单一化力量”和“多样化力量”达到一种平衡。法国语言学家 Andre Martinet 在 1955 年出版的 economie des Changments Phonetiques 一书中用到了“经济原则”的名称，他认为，语言经济的基本原则是：为实现交际而付出的努力和所传递的信息量成正比。我们这里所用的“句式经济性”不是简单等同于“少用词”，而是相对于取得的效果而言，即付出比较少的努力，能达到信息量传递的最大化。

[2] 很多学者对于语言的模糊性有不同的称谓和定义。如 Leech 认为语言的含糊性（vagueness）和模糊性（ambiguity）应当有所区别，前者主要是指语言本身具有的不精确，不确定或不清楚的语义概念；而后者主要是指语义关系的多重性及由此产生的多义、有意歧义或同形同音异义(Leech，1966)。还有的学者把语言的模糊性称为 fuzziness，如 L. A.

模糊性的重要特征就是描述的不确定性。有的学者把模糊语言出现的原因归结为四种：交际者忘记了准确的表达方式；语言本身没有准确的表达法或者交际者不知道该表达法；交际活动本身不需要准确的表达；故意使用模糊语言。（Channel Joanna，2001：p197）其中第一、第二种情况属于含糊的语言使用情况，是交际者被动地使用模糊语言；而第三、第四种情况是交际者主动使用模糊语言的情况。广告语言的模糊化主要指的是第四种情况。广告制作人主动地、巧妙地运用语言的模糊性特点，创造出富有美感、耐人寻味的语句来达到自己的广告目的。这样做的目的一是在短时间内能迅速引起读者的注意；二是造成一定的语言“留白”，给读者充分的想象空间；另外，语言模糊化还是广告的一种自我保护。因为广告是一种煽动性的语言，但同时又得公平、合理，这就要求广告者在文字上下工夫。如汉语语境下“大甩卖”“跳楼价”，英文语境下“on sale”，但其实打折的只有部分商品，而消费者了解真相后，又不能说商家是骗人的。这都是模糊语言在发挥它对广告的保护作用。当然，我们也要警惕模糊语言被一些不怀好意的广告人利用，对消费者进行欺骗。

Zadeh在他的著作《模糊集》（1965）中指出，在现实物质世界中所遇到的客体，经常没有明确的界限，J. A. Gogun认为语言的模糊性是指“描述的不确定性”，等等。综合相关论述，对于广告语言的模糊性，我们取“描述的不确定性”这一个概念。

省略的重要特征是表达形式上的不完整。广告研究大师 Greg Myers 在强调省略结构的功能时说："The omission doesn't just let you fill in what you want. It makes you active in interpreting the sentence."（1997：p187）省略句在篇章上紧凑有力，语气连贯，朗朗上口，富有节奏感，能激发读者联想；在广告功能上，能抓住人们的听觉和视觉，在有效的时间、空间和费用内达到最佳的宣传效果。

隐形连贯是指造句少用甚至不用形式连接手段，通过逻辑事理顺序，通过语序来表达，注重以神统形。隐形连贯本来是汉语语言的典型特点，因为汉语的形合手段比英语少得多：没有英语所常用的那些关系代词、关系副词、连接代词和连接副词；介词数量少，大约只有 30 个，而且大多是从动词中"借用"来的。如王力指出："汉语所谓欧化的介词当中其实有大部分不是真的介词，只是靠着西文的反映，就显得它们的介词性罢了。"（1984：p474）被视为英语主要连接手段的介词和连词在汉语中常常被省略掉，"汉人平常说话不喜欢用太多没有基本意义的虚词，只是把事情或意思排列起来，让人去了解这两个事情或两个意思之间所发生的关系如何……不过这并不是汉人说话不合逻辑，因为不加虚词，我们也知道这句话的意思"。（高名凯，1986：p366）总之，汉语"尽量省去一些不必要的形式装置"（同上），重意合而不重形合。但这种意合法不仅仅是汉语文本的句式特点，同样也大量存在于英语广告文本中，体现语言经济性的特点。

4.1 广告句式经济性的已有研究

很多广告研究者都注意到了广告句式遵循经济性原则的特点，对其表现形式和表现功效进行了研究。比如于根元（2007：p38）提到了广告语言“特别讲求简洁凝练、重点突出”。并且从受众接受效果和经济利益两个方面分析了这种“简洁凝练”特点的好处。邹欣欣（2003）则总结了英语广告经常采用简单句和省略句来达到语言经济性的目的。她认为：“用最短的时间，最少的篇幅，获取最大限度受众的最深刻的影响成为广告语的最高目标，这就是广告语的经济性。”类似的还有付龙飞（2005）也在他的论文中提到：“广告语言作为一种独特的文体语言，在句法上，体现出简洁、经济的特征。”还有的研究者发现句式简单化、简洁化是广告语言必备的特征，因为“广告的文字从 10 个字加到 50 个字，读者数随着字词数增加而徒减。”（朱山军，2000：p202）

我们认为，在汉英广告中都大量存在的、以追求语言经济性为主要目的的语言手段有：模糊性语言、省略句式和隐性连贯手段。其中隐形连贯的内容和其他专题内容有大量重叠，在此不作专节论述。

4.2　广告语言模糊性的对比研究

语言模糊性是语言的一个基本特性，因为语言交际中除了要提供精确的信息，有时出于交际的需要，也存在一些含混现象。关于自然语言的模糊性，伍铁平（1999）在其《模糊语言学》中做了专门细致的论述。但是对于模糊性是否是民族思维特点的表现，不同的学者有不同的看法。如伍铁平认为："模糊性是人类思维的共同特点，而不是什么区别东方人和西方人的特点。"（1999：p120）而金克木（1995）认为"外国喜确切，中国重模糊"。（转引自蔡基刚，2003：p405）连淑能认为，精确性是西方近代思维方式的一大特征。西方近代实验科学注重对事物分门别类、分析解剖，重视定量分析和精确计算……促使西方思维方式具有精确性的特征。连淑能还指出：

> 中国思维虽然吸收了西方思维的精确性，但仍有古代模糊思维的特征。古代中国人把宇宙看做是混沌的整体，思维对象是模糊的，思维主体也是模糊的，以模糊的思维去认识模糊的整体，用模糊的方法和工具（如模糊的概念、范畴、语言和粗制的器具）整体综合地把握其总体特征，缺乏对事物本质的准确认识，注重对事物作质的判断，忽视对事物做量的分析，讲究"设象喻理"，"刻意神似"，"只可意会，不可言传"，疏于分析实证，重视直觉体悟，缺乏逻辑推理，描述事物重求其似、其

"神"，不甚求其真、其实，不甚求其精确、清晰，往往带有朦胧、粗略、笼统甚至是猜测的成分。（2002：p276）

综合对于语言及思维模糊性的相关研究，我们可以看出，首先模糊性不是区分东方人和西方人、汉语和英语表达的特征，语言模糊性在汉语和英语中都有表现；其次因为西方和东方思维方式不同，语言模糊性在各自语言系统内还是会有表现和类型上的差异，这种差异也体现在广告文体中。

广告文本对于模糊语言的青睐源于模糊语言的语用效力。首先，模糊语言的外延很广，没有明确界限，而且往往比较简练，信息量较大。因此广告设计中，广告商会采用大量的模糊语言达到既经济又高效的效果。其次，模糊语言具有含蓄、委婉的特点，有一定的暗示性和灵活性。恰到好处地在广告中运用模糊语言可以加大产品的未定性和空白度，引起联想，表达更丰富的内容，同时激起消费者的感情和购买欲望。（祝传芳，2008）这两个特征都符合广告语言对于经济性原则的要求。

在广告文本中，模糊语言通常集中分布在修饰语、限制语和抽象概念表述上。

4.2.1 广告语言中的模糊性修饰语

在广告中，会大量使用由形容词、副词或复合名词组成的修饰语，它们和被修饰被推销的商品之间的语义关系常是模糊的。这些修饰语常带有很强的感情色彩，在语义上是含糊而不精确的。

描述性形容词

很多研究者（祝传芳，2006；谢文怡，2005；刘芳，2006）都从词汇的角度对于汉语或者英语广告中的模糊现象进行了研究，并发现广告中都大量存在描写性的形容词。它们是广告撰写人或厂商从推销商品包括服务的目的出发，用来描写商品、美化商品以增加其吸引力的修饰词。虽然它们对商品的评价是主观的、不精确的，但能刺激读者的感觉，引起他们的联想，激起他们的情感和欲望，并影响他们对事物的态度。

根据英国语言学家 Geoffry Leech 的统计，广告英语中出现频率最高的形容词依次为：new，crisp，good，better，best，fine，free，big，fresh，great，delicious，real，full，sure，easy，bright 等等。其中，new，good，fine 和 great 等词在英语广告中出现的频率最高，因为他们几乎可以修饰产品的任何一个方面，如形状、外观、颜色、构成等等（Leech，1966）这些都属于模糊概念的形容词，因为消费者无法确定 new、good、fine、great 所表述的程度、水平到底是什么样的，怎么去衡量。而消费者似乎永远不会对 new、good、fine、great 感到厌烦，它的外延意义可以给人无限美好的联想。

有些形容词如 short、long、small、big 等等对商品的描写还是比较具体明确的，但是许多其他形容词如 elegant、wonderful、juicy、dreamlike 等只是对所推销商品的一种主观而含糊的描写，缺少评价的标准而很难加以精确检验。尽管如此，这些带有强烈感情色彩的描写性形容词还是能够对人们的行为和态度产生一定程度的影响。这是因为大部分描写性形容词都是人们熟悉的日常使用的词汇，具有易读性，能吸引消费者并作用于他们的潜在意识，激起他们的购买欲望。

刘芳（2006）从量化的角度对比了汉英广告中模糊用语的特点，概括了汉英广告中使用模糊语词[1]现象的相同点和不同点：

英语广告中，出现频率较高的描述性形容词有“new，top-quality，luxurious，natural”等。而汉语广告中出现频率比较高的是“更，有效，起效，有帮助，新，能，抗/防，可/可以，高品质，方便，天然，易/不易，和独特”等。这体现了英语和汉语的不同文化特点：突出个体和个性是西方哲学观念的一个重要方面，英语广告特别注重对产品或服务的特性、特征进行缜密入微的重墨描述，特别突出与众不同之处，所以 new、top-quality 作为最能体现产品特点的词而广受青睐。汉语广告注重创造总体形象，强

[1] 刘芳在文中使用了“滑溜词”（weasel words）的用法，因为所指称的语言现象基本相似，我们为了行文的统一，统一使用“模糊语”的说法。

调效果，把顾客的期望值提升到一种近乎理想和完美的状态，“更”就成了最常使用的模糊词了。但是汉英广告都有的一些模糊词，如“new/ 新、good/ 好”等体现了中西消费者对产品品质和质量共同的关注。

比较级和最高级修饰语

英语广告中的形容词副词修饰语十分丰富，由它们变化来的比较级和最高级也十分常见，是模糊性修饰语的重要构成。但是使用时很少指明比较的对象，而是由消费者自己理解。这是因为对具体的比较对象“指名道姓”，常常会引起消费者的额外注意，或者造成竞争者的不满，这都是广告主所不愿意看到的，所以在广告中很少有 better than 的句型。如：

（英 40）You are more beautiful with Kodak.（柯达胶卷）（译文：用柯达胶卷拍出的您更美丽。）

（英 41）Let's make things better.（飞利浦电器）（译文：我们使万事更美好。）

（英 42）Best for rest.（拖鞋）（译文：休息的最佳伴侣。）

（英 43）Best in the long run.（轮胎）（译文：日久见真功。）

（英 44）Better than money.（旅行支票）（译文：比钱更好。）

（英 40）没有明确说明 more beautiful 是指人们在用柯达公司生产的胶卷拍出来的照片中的形象比实际中的形象要美一些，还是指人们在用柯达公司生产的胶卷拍出来的照片中的形象比在其他公司生产的胶卷拍出的照片中的形象要美一些。（英 41）也没有明确指出是比同一牌子的早期产品、还是比其他牌子的产品更好一些。消费者一般首先作出的选择是后者，但广告商并没有明确地指出、而是制造出这些模糊理解空间让消费者自己去理解。这使得此品牌的商品更具诱惑力，商家也可以避免承担做虚假广告的责任。（英 42）和（英 43）使用了最高级，但其后都出现了模糊的限定范围，一个是“休息的时候”，另一个是“长期看来”，为自己留下了解读的余地。（英 44）明确指出是和“钱”相比“更好”，一方面可以理解成比现金更方便，还可以理解成物有所值。同样也是运用了比较级和最高级描述的模糊性。

汉语广告中也多见比较句型，但是没有词形变化，多用“更，最”来表达相对于其他产品的长处，但是也不提及具体比较对象。这里还有行政上的原因 :《中国广告法》中规定，广告不得贬低其他生产经营者的商品或者服务。如 :

（汉 49）拥有数表卡，办公更潇洒（万银电子开发公司）

（汉 50）新飞广告做得好，不如新飞冰箱好（新飞冰箱）

（汉 51）没有最好，只有更好（奥克斯冰箱）

（汉 52）原来生活可以更美的（美的电器）

（汉 49）中“更潇洒”并没有说明跟谁相比，所以可以理解为“同没有数表卡的时候相比”，或者“同拥有其他同类产品相比”，语义模糊，广告所涵盖的内容反而更广。（汉 50）把本来没有可比性的两个主体“新飞冰箱”和“新飞广告”放在一起比较，虽然出现了比较对象，但是既没有贬低其他竞争对手，又突出了自己的产品质量好。（汉 51）和（汉 52）同样都用了“更”的比较形式，这样的模糊语言使其所指外延夸大，意义越加模糊，同时也使广告内容的语义得以扬升。

复合词修饰语

我们在词汇创新的章节中探讨过复合法作为创新词汇的一种方式，使汉英广告语言呈现新颖别致的效果。本节我们从语言模糊性的角度对其加以审视。

（汉 53）雪颜深入美白润肤露（欧莱雅）

（汉 54）细肤毛孔紧致深层洁面膏（欧莱雅）

（汉 55）尊容臻养再颜霜（赫莲娜）

（汉 56）花蜜活颜亮肤舒缓美容液（迪奥）

（英 45）these top-quality bulbs

The economy-size shredded wheat

Farmhouse-fresh taste

Feather-like flakes

Shining-clean pans

A stiff-tufted mud remover

Perfect-textured cakes

The full-flavored cereal（转引自 Leech，1966：p138）

（汉 53）是欧莱雅的产品系列，“雪颜”与“深入美白”的搭配具模糊性，商家意在说明这种产品能深入美白，能让顾客拥有像雪一样洁白的容颜。顾客从名字就可以看到产品希望达到的美容防晒效果。（汉 54）也是欧莱雅的产品系列，“毛孔紧致”在这里是“使毛孔紧致”的意思。“细肤”与“毛孔紧致”复合搭配，具有模糊性，商家想告诉消费者，这种产品能够使毛孔紧致，使皮肤变得细腻。“细肤毛孔紧致”与“深层洁面膏”的复合搭配，又让人明白，这款洁面膏是从深层来清洁皮肤，从深层来改善皮肤，达到清洁、紧致毛孔、细肤的目的。（汉 55）“尊容”“臻养”“再颜”与“霜”的复合搭配具模糊性，这个名字就告诉消费者，这是尊贵的人使用的极度奢华的面霜，使用了这种面霜，会恢复青春容颜。（汉 56）是迪奥的产品系列，这里“花蜜”、“活颜”、“亮肤”、“舒缓”、“美容”组合在一起，具有模糊性，是几个双音节词的叠加，还是说花蜜成分能起到“活颜”、“亮肤”、“舒缓”、“美容”的功效？生产商就是利用这种语言的模糊性，引导消费者进行积极的联想，使信息传达量得以最大化。

（英 45）中的各例则是以各种词类复合在一起的一些修饰语，也体现了很强的模糊性。我们从以上各例的对比不难发现，虽然汉英广告中都有大量复合词构成的修饰语，它们在语用功能上都能实现意义模糊、外延含义丰富的目的，但是在构成形式上体现了很大的不同：汉语的复合词修饰语是一些双音节词的顺序排列，它们按照自然的语序出现，对中心词进行修饰，意合特征比较突出。但是因为汉语语言的兼语现象，一些词的修饰目标模糊，从而形成了语言的模糊性。所以汉语复合修饰语的模糊性多数源于搭配的模糊性。

英语的形合特征比较突出，在形成复合词的时候，也要按照语法规则进行形式变化，如 full-flavoured，stiff-tufted 等。这使得修饰语的修饰目标比较明确，所以英语复合修饰语的模糊性多来自于语义，而非搭配。

4.2.2　模糊性限制语

模糊限制语（hedges）最早是由乔治·雷可夫（George Lakoff）提出来的，它的作用是限定事物的模糊程度。它可以分为两种，一类是对说话的真实程度，涉及范围做出限定的模糊限定语，这类多数为模糊形容词和副词（短语）；另一类表示说话人对话语内容的直接主观推测，或提出客观依据，对话语做出见解和评估，如 some，about，under，up to，roughly，a little bit，I think，as far as I know，I suppose 等等。（转引自祝传芳，2008）

（英 46）Save up to 50% on books now.（Amazon. Com）（译文：现在买书最多可省 50% 的钱。）

（英 47）Find a digital camera under $399.（DealTime. Com）（译文：不到 399 元的数码相机。）

（英 48）Clearance sale up to 40% off.（The Sports Authority）（译文：清仓大甩卖，低至六折。）

上述各例中的 up to、under 等就是模糊限制语使用的语例，它使广告字面上出现的信息是最有诱惑力的（低价），但是在内容解读的时候能够留有余地（最低至，并非全部都是），给消费者想象的空间。

在汉语广告中，也常常有“低至二折”的例子，所起到的语用效果是一样的。

作者认为，还有一类限制语——数量限制语也可以归到这一个类别中来。数量限制语可以分为两类：模糊数量词和精确数量词。前者不必做过多解释，如英语中的 bags of、millions of 等都属于模糊表达；后者属于广告语言的一种独特的现象：使用精确的数量词，但表达的概念却是模糊性的。如：

（汉 57）今年二十，明年十八（白丽香皂）

（汉 58）一碗元宵圆又圆，吃了元宵好团圆（元宵）

（汉 59）一杯茶，品人生沉浮（竹叶青茶）

（汉 60）钻石恒久远，一颗永流传（戴比尔斯钻石）

（英 49）Avoid 5 o'clock shadow.（剃须刀片）（译文：清晨傍晚，没有阴云。）

（英 50）One chord is worth a thousand words.（钢琴）（译文：一根琴弦胜过万语千言。）

（英 51）One hundred years young.（Youth 杂志）（译文：百岁青年。）

（汉 57）中广告的意思并不是说用了这种美容香皂，就真的能从二十岁变成十八岁。这种含糊的用法可以突出产品性能，增强表达效果。同样，“一碗元宵”、“一杯茶”、“5 点钟”、“一根琴弦”、“一千句话”、“一百岁”表达的都是不精确的语义。上述各例中，都使用了精确的数词，但是这些都是以精确的形式传递模糊的概念，表达某些不言自明的细枝末节，但不会造成读者的误解，反而具有独特的魅力，令消费者品味再三。

4.2.3　抽象概念表述

汉英广告中还常见大量的抽象概念，这类表述涵义概括，指称笼统，涵盖面广，往往有一种“虚”、“泛”、“暗”、

“曲”、“隐”的“魅力”，因而便于用来表达复杂的思想和微妙的情绪。这类抽象的概念，如果把它直接地表达出来，反倒失去了表意的准确性。

连淑能（1993：p129–133）归纳了英语中抽象表达法得以流行的原因：1. 抽象思维被认为是高级思维，是文明人的一种象征；2. 抽象词语意义模糊，便于掩饰作者含混或真实的思想，以迎合某种表达的需要，因而也得以流行；3. 英语有丰富的词义虚化的手段，这就大大方便了抽象表达法的使用。比如添加有抽象意义的词缀和使用介词等虚词。这些原因使得抽象表达在英语广告中十分流行，如：

（英 52）A breathless sensation.（薄荷糖）（译文：没有口气困扰的感觉。）

（英 53）A message of purity.（糖果）（译文：纯洁的信息。）

（英 54）A sack of satisfaction.（面粉）（译文：买回一袋满意。）

（英 55）A true expression of heart–felt sympathy.（广告公司）（译文：真情实感的真实表达。）

（英 56）All around the world.（电话）（译文：联系全世界。）

（英 57）As different as day and night.（威士忌）（译文：天壤之别。）

（英 58）A rainbow of distinctive flavours.（威士忌）

（译文：口味的彩虹。）

以上各例是从靳涵身的《诗型广告翻译研究》（四川大学出版社，2004）附录广告 A 词条中所选的有抽象概念的广告，我们可以很容易发现，（英 52–55）都是运用了虚化词缀，构成了抽象化的名词来表述抽象的“感觉”、“纯洁”、“满意”、“同情”概念。（英 56）运用了“around”这样的介词，来表达“遍”的概念；（英 57–58）是用了比喻的修辞格，来描述“与众不同，有如日夜之别”和“味道丰富，有如彩虹”，这种“味道”的抽象概念。

和英语相比，汉语缺乏像英语那样的词缀虚化手段，没有形态变化，形式相同的词，可以是名词，也可以是动词，还可以是形容词或其他词类。从形式上很难分辨出抽象或者具体。但是，这并不妨碍汉语广告中对于抽象概念的表达。

首先，汉语也存在一些从英语舶来的抽象词尾，如“性”（–ty，–ness，–ce 等）、“化”（–ization 等）等；另外，古汉语中遗留了很多抽象名词，如《三字经》中就有的“性（相近），习（相远），（人不学，不知）义”等，还有“仁义礼智信”等都是很好的例子。最后，汉语还往往运用修辞的手段，形象地表述抽象的概念。如：

（汉 61）夏天里的一场雪（美的空调）

（汉 62）第一封信的美好回忆（南湖茶厂新茶上市）

（汉 61）要描述“凉爽”这样的抽象概念，使用了比喻的修辞手法，通过把美的空调比作夏天里的一场雪，生动地突出了美的空调的优质性能，如果直接说“美的空调能使您夏天更加凉爽”，不仅显得平淡无奇，更是失去了原句的艺术效果以及原句蕴涵的丰富内容。而（汉 62）要描述“味道”这样的抽象概念，也使用了比喻的修辞格，让人联想到美好而难忘的初恋，而广告创作者将这句话的语义转向了一杯新茶的味道，这样受众会不自觉地将这两个意象叠加，品茶如回味初恋。

4.3 广告语言中省略现象的对比研究

除了利用语言的模糊性来体现广告语言经济性的特点——语焉不详，反而有更丰富的外延含义，我们也发现广告中存在大量的省略现象——省略不说，反而有更丰富的语义传达。

4.3.1 省略现象的判定及早期研究

早在中国古代，人们对于省略现象就有所觉察和分析，但是还没有把它当做语法现象来进行研究。首次从语言学角度对省略现象进行论述的是马建忠的《马氏文通》（1898），这是省略句研究由不自觉的认识、零散的论述发展到自觉、系统研究的路标。该书总结了古汉语中存在的 8 种省略现象，并分析了省略的原因。

1924 年，黎锦熙先生的《新著国语文法》[1] 作为第一部系统研究白话文语法的论著问世。该书从大量的汉语事实出发，对省略句进行了比较详细的描述。黎先生提出了“主要成分的省略”，他说，“就实体词的用法来说，凡在主位、在宾位、在补位的实体词，都算是作主要成分之单位的。在国语的习惯上，它们时常有所省略”，并分别论述了三种省略现象：（一）对话时的省略；（二）自述时的省略；（三）承前的省略。

1942 年，吕叔湘先生在《中国文法要略》中着重分析了三种省略句：（一）当前省略；（二）承上省略；（三）概括性省略。这里“当前省略”和黎先生的“对话时的省略”、“承上省略”和“承前省略”有异曲同工之妙，而“概括性省略”其实可以看做“隐含”而非省略。

在王力先生的《中国现代语法》（1944，商务印书馆，1985）中，着眼于汉语的实际，对“省略句”提出了很多有启发性的见解。首先，把省略句看做特殊的语法形式，认为“比正常的句子形式所用的词较少，就是省略法。省略法多半是由承说法而来的”。（p312–317）这里较之以前

[1] 商务印书馆版，最早出版于 1924 年，是二十年代影响最大的现代汉语语法著作。

进步的一点在于从句子形式的角度、而非单纯凭语义的角度来判断省略句。他还对省略进行了“承说的省略”和“习惯的省略”的区分。并且对省略句和无主句进行了区别，因为后者中被省略的成分很难被补出或差不多永远不曾出现。

在此基础上，吕叔湘先生在《汉语语法分析问题》(商务印书馆，1979)中第一次明确地提出了“隐含”这一术语，用能否可以填补作为标准，把“省略”和“隐含”做了区分，认为可以添补的才能叫做“省略”。(p67–68)他还在另一篇论文中说道：“实际语言中省略的情况是复杂的，有的省掉了的成分甚至在句子里找不到或者根本说不清楚，谈省略不要过于淤泥，它实际上是汉语句子简洁生动的一种表现。”(1985)

还有朱德熙先生在其《语法讲义》(商务印书馆，1985)中对省略句也有详尽的论述，比如提出了“省略句是针对句子成分而言的”，提出“省略是结构上必不可少的成分在一定条件下没有出现”。(p220–221)

王维贤先生指出，省略可分为三类：语义省略、语法省略和语用省略。他将意念的省略称作语义省略，属语义学范围；结构的省略称作语法省略，属语法学范围；交际上的省略称作语用省略，属语用学范围。他还特别指出，不同层面上的省略显现应该区分开来，否则就会造成认识上的混乱。(语文出版社，1997：p26–28)

英文中对于省略的研究也称得上汗牛充栋。Martinet（1962）认为，省略是语言交际中“经济原则”的表现，“在保证语言完成交际功能的前提下，人们自觉不自觉地对语言活动中的消耗做出符合经济要求的安排”。（转引自常宝儒，1993：p62）。Bergen Evans 在他的《A Dictionary of Contemporary American Usage》一书中对省略进行了解释，并认为省略的含义比省略句要广（p153）：

> This term（ellipsis）is used by some grammarians to refer to words that do not actually occur in a sentence but which they feel are needed in making a certain kind of grammatical analysis or to explain a grammatical construction. These words are sometimes described as “words which the hearer easily supplies”.
>
> 译文：这个术语（省略）是一些语法家用来指句中实际未出现、但在进行某种语法分析或解释语法结构时又感到需要的词。有时把这些词说成是“听话者容易添补上的词”。

Quirk et al（1985：p883）比较正式地论述了省略的本质，他认为省略更严格一点的描述应该是“语法上的缺省”，这相对于语言中存在的其他种类的缺省而言的，比如语音的丢失，或者词的部分拼写的丢失，以及语义的部分缺省。他还指出了省略的几个重要识别特点，其中包括：省略的成分可以被添补出来；省略成分被添补后的句子是符合语法规范的句子。

Beaugrande 从语用的角度分析道，省略使语言简练、紧凑、明确，有利于突出新信息，是“在简洁和清晰两者间的一种协调”。（1981：p69，转引自郭富强，2007：p175）

正如王力《中国现代语法》（同前）所提出的：（语言）只要不妨碍理解，省略是完全可能的，省略的可能也是各种各样的（p312–317）。所以，基于不同的划分标准，省略的种类也可以是多种多样的，但是我们综合前辈时贤对于省略现象和省略句的论断，可以发现，省略的研究正经历着从语义语法到语用维度的转变，越来越多的学者会尝试从语用认知的角度，结合语篇语境来考察省略这一复杂的语言现象。这里我们就从省略句的特点和语用功能入手，进一步对广告语言中省略成分的语用认知特点进行分析。

省略的特点和语用功能

省略必须是比一般句子结构缺少某些主要的句子成分。

省略必须在一定的语境中出现，可以是对话、书信、自述、演讲、广播等各种语境。而且离开上下文或者一定的语言环境就意思不清楚或者不完整。根据上下文所提供的信息重量，可以出现“承前省略”，把上文中出现过的信息加以省略，或者“蒙后省略”，把下文中将要出现的会重复的信息加以省略，如“不仅我们这一代，而且我们的后代也友好下去”。在自述性质的语境中，常常省略“我”。

省略可以还原，省略的句子成分可以根据一定的语境添补出来。而且添补的内容在语义上应当只有一种可能性。但是对于具体的在一定语境中的句子来说，把省略了的成分添补出来只有可能性，没有现实性和必要性。

在国外语言学界，生成语法和功能语法都不排除省略这种语言现象。在 Chomsky 的管辖与约束（Government and binding）理论模式中，空语类（empty category）就占有极其核心的地位。空语类的特点是无语音内容，其存在的证据主要来自语义，这说明逻辑形式中的语义解读机制会将它们所含有的意义进行解读，所以在句法的表达式中必须将它们表示出来。因此，这里的空语类现象本质上也是一种省略。（Chomsky，p82–105，转引自陈伟萍，2005）而功能语法认为，省略或零替代是使篇章连贯的一种重要语法手段，省略是话语中留下了一些特定的结构空位，而这些空位可以根据别处的话语被还原，从而，省略的话语和别处的话语发生了联系，形成了连贯。（Halliday，1976：p142–225）

从语用的角度上来，省略是语用上的要求，符合语言的“经济原则”，这也是任何一种语言的共同规律。人们在使用语言进行交际的时候尽量使用较少的、省力的语言单位，从而以较少的力量消耗来传达较多的信息。（蔡基刚：p210）因为“被省略成分通常是可以从语境中推知的已知信息，留下的是所要传达的新信息或重要信息。因此，省略不但使语言表达更为简洁，而且使新信息更加突出，从而使语言交际者将更多精力放在新信息上，以产生更好的交际效果”。（朱永生，2001：p60）

省略句的分类

如前所述，很多学者都从不同的角度对于省略现象或者省略句进行了分类，比如黎先生的“对话时的省略”、“自述时的省略”、和“承前省略”，吕先生的“当前省略”、“承上省略”和“概括性省略”，王力先生的“承说的省略”和“习惯的省略”。这些分类有的根据省略出现的具体语境，有的根据省略出现的频度，各有偏重点。因为省略的表现形式都是句子的成分，所以也有很多研究者按照这个标准来进行分类，比如分成“主语的省略”、“宾语的省略”、“谓语或谓语动词的省略”等。还有刘丽萍在她的博士论文《汉语截省句》（2006：p3–21）中所归纳的常见的省略结构：空论元、并列删除结构、N–删略、缺口句、剥落、VP省略、准缺口句、截省句、片语等几类。她主要是从生成语法的角度探讨省略句产生的语法机制。她也认为，从省略句的句法性质来看，不外乎“名词性省略、谓词性省略和IP省略（宾语省略）”几种。可见，对于省略句的研究，按照所省略的句子成分加以归类，有利于更好的考察句法特征和形成规律。我们在本节的研究中，拟按照“名词性省略、动词性省略”的分类进行汉英语广告的对比研究，其中名词性省略包括了主语省略和宾语省略几种情况。

关于省略现象的几个术语的区别——省略句、无主句、非主谓句、紧缩句，汉语广告语言学者中有很多都对这类简单化经济性的句式结构做过总结，比较有代表性的比如有王军元把汉语广告中的句式归为无主句、意合复句和紧缩复句（王军元，2005：p148-158），讲得都是汉语广告句子结构的简单化特征。其中，无主句中的单无主句指的是非主谓句系统，包括名词性单无主句、动词性单无主句、形容词性单无主句和叹词单无主句等。这些单无主句都以短语为中心成分，十分经济、简洁。而复无主句则是由非主谓句组成的复句。至于意合复句，其实就是省略掉关联词的复句，但是我们认为，意合现象本来就是汉语的特点——将关联词语所凸显的句际逻辑关系隐而不宣，而广告对于语言有简洁经济的要求，所以在信息不受损的前提下，关联词的省略就很平常了。紧缩复句是一种创造性的说法，具有鲜明的广告语言特色，它指的是用单句的形式表达复句的内容。结构上可以用关联词语，也可以不用。如：

（汉63）山高人为峰（红塔集团）

从上面的定义看来，无主句其实就是非主谓句的一种。而非主谓句其实是对句中某些重要成分的省略而成的句子，也是一种省略句。紧缩句的提法比较特殊，它指的是用单句的形式表达复句的内容，这就势必导致某些句子成分的缺省，因此也是省略句的一种。

在这里我们为了论述的简单，统一使用省略句这一术语，在对比论述时，使用名词性省略和动词性省略的说法，以减少称谓的混乱。

4.3.2 汉英广告中的省略现象

英文广告中有大量的省略现象。付龙飞（2005）从现代流行报刊广告语中，任意抽取20则商业广告进行统计发现，省略句式占了14%的比例。

省略句中被省略的成分形形色色，如：

（英59）Hasn't scratched yet!（爽身粉）（译文：不挠痒了！）这里省略了名词性主语“The users of this powder”。

（英60）Special purchase too good to miss!（珠宝首饰）（译文：不容错过的独特！）这里省略了名词性主语“The jewry”（珠宝）和谓语动词“is”（是）。

（英61）The 60–second breakfast from Dole.（Dole早餐食品）（译文：Dole的60秒早餐。）这里省略了主语和谓语“it's”（是）。

（英62）Perfecting the art of sight and sound.（JVC电子产品）(译文：让声色艺术完美。）这里省略了主语和谓

语系动词“JVC is”。

（英 63）No business too small, no problem too big.（IBM 公司）（译文：没有不做的生意，没有解决不了的问题。）这里省略了谓语系动词“is”和连词“and”。这是一个意合复合句。

（英 64）Red is intense. It's demanding and bold and refuses to be anything if not noticed. In some cultures，red is beauty, in others，the colors of power. Red stimulates our hearts and our lungs. It screams for us to stop. But it wants us to love.（Clorox 洗涤剂）这里 if not noticed 句省略了主语和助动词“it's”；in others，the colors of power 句省略了主语和系动词“red is”。

而中文广告中省略句也屡见不鲜，被省略的成分也形形色色。如：

（汉 64）不打不相识（中国联通）这里省略了主语“人们”和宾语“联通手机”。

这些广告中各种成分的省略大大节省了广告的空间，遵循了语言的“经济性原则”，使句式呈现出很明显的简单化和经济性的特点。比如美国一则鸡翅食品广告：

（英 65）Shake. Bake. There. You just made dinner.（译文：摇摇。烤烤。好了。准备享受晚餐。）

这里总共四句话，仅仅用了 7 个单词。与之有异曲同工之妙的还有中国移动的广告：

（汉 65）我能

全部只有两个字，但其中蕴含的意义却很丰富，充分体现了广告语言经济性和语义丰富性的特点。

4.3.3 汉英广告省略现象的对比

1. 广告口号省略现象对比研究

广告口号是一则广告的灵魂，好的广告口号能够使产品名扬四海。因为广告口号概括了产品最能打动人的特点，从而给消费者留下积极的印象，它的语言要凝练、简洁、生动，要符合语言经济性的原则。为了更好地观察和研究英语和汉语广告口号的省略现象，我们选取了《中国广告作品年鉴 2006》中位置最前的相应条目的汉语广告 24 条以及靳涵身在《诗型广告的翻译》一书的附录“广告口号集锦”中所载相应产品（同类产品）的英语广告 24 条，来作为此处对比研究的语料。这样选取的广告语料，比较符合随意取样的要求，而且对同品类产品的广告相比较，更有代表性，从而可以更好地观察汉英广告语的省略现象有哪些相同点或者不同点。

序号	英语广告口号	译文	汉语广告口号
英 66 汉 66	Mild as May.（万宝路香烟）	五月的温柔。	用勇气跨越生命中的 110 米栏（白沙）（省略主语）
英 67 汉 67	Ask for More.（摩尔香烟）	多多益善，我要多多。	功到自然成（金圣香烟）（主语）
英 68 汉 68	Dreams for sale.（度假村）	花钱买美梦。	心临江湾，宁静致远（月兔集团）
英 69 汉 69	Winter fun under a summer sun.（旅游公司）	在夏日下享受冬天。	爱在烟台（烟台旅游局）
英 70 汉 70	Mends everything but broken heart.（胶）	除了破碎的心，我们什么都能补。	穿梭中国，装点世界（中捷缝纫机）
英 71 汉 71	The future is bright, the future is Orange.（Orange 企业）	前途是光明的，前途是 Orange 的。	由你更精彩（华数企业）
英 72 汉 72	Celebrating the future.(计算机)	庆祝未来。	携手共创，绿色世界（爱普生）
英 73 汉 73	A printer for every need and every speed.（打印机）	用途广泛，速度多样。	汇聚点滴爱心，共创美丽自然（爱普生）
英 74 汉 74	End the day with a smile.（打印机）	带着微笑下班。	心心相连，沟通无限（爱普生）
英 75 汉 75	No problem too large, no business too small.（IBM）	无关不克，无客不尊。	给您家人般细腻温馨的关怀(爱普生)
英 76 汉 76	A true expression of heart-felt sympathy.（广告公司）	心灵感应的完美再现。	求生还是求胜？困境方显战略眼界（罗兰贝格咨询公司）

序号	英语广告口号	译文	汉语广告口号
英 77 汉 77	Always better, better all ways.（香烟）	无时不强，无处不强。	思想有多远，我们就能走多远（红金龙）
英 78 汉 78	Long distance is the shortest way home.（电话）	回家的最短路线是长途电话。	有事常联系，没事常联系，有事没事常联系(中国移动)
英 79 汉 79	All around the world.（电话）	传遍全球。	我能，全球通（中国移动）
英 80 汉 80	Reach out and touch someone.(长途电话)	相隔万里，伸手可及。	七彩铃音，听得到的魅力（小灵通）
英 81 汉 81	The voice with the smile.（电话）	微笑的声音。	我的地盘听我的（M-zone）
英 82 汉 82	Your anywhere, anything, anytime network.（AT & T）	随时随地随便说。	我的地盘，以舞会友（中国移动）
英 83 汉 83	The shortest distance between two points.(电话）	两点之间的最短距离。	畅享移动新生活（中国移动）
英 84 汉 84	In the twinkling of an eye.（电话）	眨眼即通。	我预告天气，您预备生活（广东移动佛山公司）
英 85 汉 85	Command the powers of Adam.（亚当电脑）	掌握亚当的力量。	加入飞鸿影院，家家都是电影院（佛山电信）
英 86 汉 86	Thirst stops here.（Coca-Cola）	杯到渴止。	精彩让你>你（CDMA）

序号	英语广告口号	译文	汉语广告口号
英 87 汉 87	Laughs at time.（杜邦）	笑对岁月。	蜂拥而至，所求何物 众蚁攘攘，皆欲何往 群鱼熙熙，各有所觅（腾讯电子）
英 88 汉 88	As you like it.（手机）	如你所愿。	金品质，立天下（金立手机）
英 89 汉 89	Connecting people.（诺基亚手机）	沟通无限。	简约于形，陶醉其中，自然声色诱人（松下手机）

省略句数量对比：

在 24 则英语广告口号中，有 23 则是省略句，只有（英 86）不同：

Thirst stops here.

而在 24 则汉语广告口号中，有 19 则省略句，3 则不同，它们是（汉 77）（汉 84）和（汉 86）：

思想有多远，我们就能走多远

我预告天气，您预备生活

精彩让你 > 你

可见不管是汉语广告口号还是英语广告口号，省略句的比例是相当高的。而在非省略句的汉语广告口号中，复句的比例大于单句的比例。这和我们下面观察到的省略句比例分布是相对应的。

复句省略句对比

英语广告中复句省略句有 3 则，其中，有 2 则是并列关系：

The future is bright, (and /while) the future is Orange.

省略掉了连词，因为英语是形合的语言，要求单句之间有一定的连接手段，但这里没有出现任何的连接词。又如：

(our produce works) Always better, (and it works) better all ways.

省略掉了主语和谓语动词。

有一则是对照关系：

No problem (is) too large, (and /while) no business (is) too small.

省略掉了动词和连接词。

而在 19 则汉语广告口号省略句中，复句省略句的数量却高达 12 则。其中并列关系的有 4 则，它们分别是：

( ) 穿梭中国，( ) 装点世界

( ) 汇聚点滴爱心，( ) 共创美丽自然

( ) 有事常联系，( ) 没事常联系，( ) 有事没事常联系

蜂拥而至，( ) 所求何物？众蚁攘攘，( ) 皆欲何往？

群鱼熙熙，( ) 各有所觅

上述各例中，省略掉主语的占到了 90%，另外比例比较大的是句际的连接词省略现象。广告口号的主语省略一方面原因在于其多数主语都是产品名称，是对产品特点和功效的叙述，所以在消费者清楚产品名称的前提下，可以省略掉而不影响句意的表达。有的广告口号使用省略手段，是为了故意使被表述对象模糊化，这样可以把概念适用于更广泛的范畴，起到双关的效果。比如：

( ) 汇聚点滴爱心，( ) 共创美丽自然

例中省略的主语既可以被理解成是大众，是对大众的呼吁：当人们汇聚点滴爱心，就可以协力共创美丽自然。也可以理解为爱普生产品，它能够汇聚点滴爱心，和使用者共创美丽自然。

句际连接词的省略是汉语语篇的典型特点，因为汉语是意合为主的语言，句子和句子之间的关系主要通过句序和虚词来体现，不像英语一样，必须通过语法连接手段。

还有承接关系的 2 则，它们分别是：

心临江湾，( ) 宁静致远

( ) 我的地盘，( ) 以舞会友

目的关系的有 1 则：

（ ）加入飞鸿影院，家家都是电影院

因果关系的有 4 则：

（ ）心心相连，沟通无限（ ）

我能（ ），（ ）全球通

（ ）金品质，（ ）立天下

（ ）简约于形，（ ）陶醉其中，（ ）自然声色诱人

解说关系的 1 则：

（ ）求生还是求胜？（ ）困境方显（ ）战略眼界

上述各例中，复句之间存在复杂的句际关系，有并列、承接、解说、因果等，但是这些关系大都以意合的关系组合在一起，没有明显的语法连接手段来体现，体现了汉语意合为主的语篇特征。另外，汉语广告口号的主语省略很普遍，特别是在第一句出现了主语，后面各小句省略主语的现象非常多，这是因为汉语属于主题 + 叙体结构为主的语言，在主题明确的前提下，主语可以隐略，而不影响意义的表达。上述各例中动词省略的现象不多，这一方面因为汉语的词性辨别不太容易，一些词既可以看作是动词，也可以看做是形容词，都可以直接做谓语或者谓语中心词。另一方面，汉语的意合特点决定了如果谓语动词省略掉的话，很多意义表述不清，所以汉语广告口号的动词省略，或者说谓语动词省略不如英语那么普遍。

单句省略句对比

1）名词性单省略句

在 18 则英语广告单句省略句中，中心成分是名词性短语的有 9 则，占到了 50%。其中省略了主语和谓语的有 7 例，占到了 44%：

（ ）Dreams for sale.

（ ）Winter fun under a summer sun.

（ ）A printer for every need and every speed.

（ ）A true expression of heart−felt sympathy.

（ ）The voice with the smile.

（ ）Your anywhere, anything, anytime network.

（ ）The shortest distance between two points.

以上 7 句都是省略了主语和谓语，都是以偏正结构出现的名词性短语，其中前置性修饰语有 1 例，其余 6 例都是后置性定语。下面这例比较特殊：

Long distance（ ）is the shortest way home.

因为产品是长途电话，所以它的内容是（长途电话）是回家最短的距离，但是这里（电话）没有出现，所以该句省略的是中心词，出现了部分的修饰语。

在 7 则汉语单句省略句中，省略掉中心成分是名词性短语的有 4 则，它们分别是：

( ) 功到自然成 ( )

( ) 爱在烟台

七彩铃音，( ) 听得到的魅力

我的地盘听我的 ( )

汉语广告省略的句子成分比较复杂，省略主语的有 2 则，省略谓语的有 1 则，省略宾语的有 1 则。

2）动词性单省略句

英语广告口号例句中，中心成分是动词短语的有 8 则，它们分别是：

Ask for More.

Mends everything but broken heart.

Celebrating the future.

End the day with a smaile.

Reach out and touch someone.

Command the powers of Adam.

Laughs at time.

Connecting people.

我们从上述各例中可以看出，虽然中心成分是动词（短语），但是英语形态变化的特征还是被保留了，有的体现了被省略的主语的数，如 mends，laughs；有的省略了助动词，保留了谓语中心词，如 celebrating，connecting；有的属于祈使句中的主语省略。这些都体现了英语明显的以形合为主、“以形御义”的特征。

在汉语单句广告口号中，省略掉中心成分是动词或者动词性短语的有 3 则，它们分别是：

用勇气跨越生命中的 110 米栏

给您家人般细腻温馨的关怀

畅享移动新生活

这些动词因为没有形态上的变化来体现明确的数、性等信息，所以解读被省略的主语的时候就有了很多的可能性，有的既可以被理解成是对产品的叙述，也可以理解成是对大众的呼吁。体现了汉语“以神御形”的特征。

3）介词性单省略句

英语广告口号单省略句中，中心成分是介词短语的有 2 则，它们分别是：

All around the world.

In the twinkling of an eye.

在汉语广告语单省略句中，省略掉介词后面跟的词语语的有 1 则，是：

由你更精彩

但是汉语的词性解读十分灵活，这个句子既可以理解成“由你开始世界变得更精彩”，“由”属于介词词性；也可以理解成“由你的心意，世界将会更精彩”，“由”可以理解成动词词性。这再次体现了汉语的多元解读特征，这使得汉语广告的信息容量非常大，很多都可以起到双关的修辞效果。

4）形容词（副词）性单省略句

英语广告口号例句中，中心成分是形容词（副词）短语（从句）的有 2 则，它们分别是：

Mild as May.

As you like it.

在汉语中也存在形容词（副词）短语为中心成分的广告口号单省略句，但可以因为我们所使用的样本比较小，没有涵盖到这方面的内容。但可以断定，这在汉语广告中所占的比例不如英语广告那么大，因为英语有丰富的定语和状语从句，它们虽然形式上是从属地位，但是因为结构完整，可以和主句一样表达完整的信息，这在汉语中是很难企及的。同时，因为汉语的词性比较难准确判断，很多介词其实都是从动词中分化出来的（从、由、同等），有时既可以理解成动词短语，也可以理解成介词短语。如：

（汉 43）和刘翔一起 2008（adidas 系列）

这样的句子就很难具体说属于介词短语为中心的单省略句，或是动词短语为中心成分的单省略句。

综上所述，在汉语广告口号中，主语（主题）省略现象十分普遍，这源自于主语省略在汉语中的普遍性，不仅在会话性语境中、自述性语境中，甚至在陈述性的语篇中都很常见。这使得同其他成分的省略相比，主语省略在汉语广告口号中的数量占到绝对优势。

这符合研究者对于汉语省略的研究：在汉语中，主语省略的情况十分普遍。（胡鸿雁，1999；高丽桃，2004）宾语的省略也有，但低于主语省略。其原因有：汉语的句式有很多都是没有宾语的，不及物动词做宾语和形容词副词性谓语的现象很普遍；汉语的宾语位置很模糊，只要主题表述清楚，宾语有时会占据主语的位置突出主题，从而使句子少了宾语成分；宾语通常位于句子末尾，而根据句子末端重量承载，这里出现新信息的可能性比较大，而新信息是不能被省略的。总的看来，汉语广告中名词性省略很普遍，这一般指中心词、前后修饰词、甚至是整个名词词组的省略。叶嘉莹在《王国维及其文学批评》指出："中国语言的组合在文法上乃是极为自由的，没有过去、现在与未来的时态的划分，没有主动与被动的语气……一切都有着绝大的自由。因此在组成一句话时，主语、述语与宾语以及形容词或副词等都可以互相颠倒或竟尔完全省略。"（转引自申小龙，1988：p490）

汉语广告口号中的主语省略完全得益于汉语以神统形、以简驭繁、言简意赅、篇章紧凑的语言特点，也就是意合的语言特点。

而名词完全省略在英语中几乎不可能，尤其是做主语的名词性结构。由于受到形态的制约，英语任何层面的句子都必须尽量的保持完整。“主语与‘正在被讨论的事’有着全面密切的关系，……另外一点是，主语决定动词的数，在动词形式有单复数的区别时，选择什么形式取决于主语是单数……还是复数。”（夸克，1985：p41; 转引自郭富强，2007：p177）主语是英语主语—谓语结构的核心，和谓语具有全面而密切的关系，不可或缺。但是中心词或者其他修饰词的省略，保证必要成分的出现，仍然使名词性省略在英语广告中成为一个显著的特征。

在动词性省略上，汉语广告口号和英语广告口号有比较大的差异。这首先根源于汉英语普通语篇中篇章衔接特点的不同。汉语除了在对话问答的语境中，谓语省略并不常见（胡鸿雁，2004：p24）。对于谓语的省略现象，大概可以分为三种情形：（一）名词性短语为中心的省略句；（二）形容词性（副词）短语做谓语；（三）对话性谓语省略，在一定的语境配合下，问句可以省略谓语，而在问答中，回答也可以省略谓语，突出语义重点主语或者宾语。

汉语广告口号中的谓语动词省略不如英语广告口号普遍，这是因为汉语动词不受形态的牵制和影响，运用极为灵活、自由和方便，也是句子表意的重心，如果省略掉的话，就会影响意义的表达。“汉语在表达一些较复杂的思想时往往借助动词，按时间顺序、逻辑顺序，逐步交代，层层铺开，给人以舒缓明快的感觉。”（陈定安，1998 : p9）

而英语的情况就大为不同。英语具有繁复的形态，动词具有丰富的变位，易于辨认。即使省略了，也可以从形式上判断出所省略掉的成分，保证意义的连贯和清晰。所以英语广告中动词的省略很常见，多为系动词和助动词。如很多例句中都省略了助动词 be，但留下 do+ing 的分词形式，可见是英语动词的形态特征为英语谓语动词的省略（部分省略）创造了条件。

另外，汉英语广告口号比较明显的一个不同是：汉语广告口号复句比例明显大过英语广告口号复句的比例。这主要还是因为广告语言经济性特点的要求。英语的形合特征比较明显，要表达复杂的内容和概念，需要相对严谨的结构来表达，这样就容易造成语句过长、拖沓的印象；而汉语的意合特征明显，文字的凝练度比较高，四字格和古语的运用，可以起到言简意赅的作用和效果，所以可以用较少的字数，表达较复杂的内容，从而造成了虽然复句较多、但是字数并不多的现象。

2. 广告文本省略现象对比研究

以上我们主要从广告口号的角度对汉英广告中的省略现象做了对比研究，现在我们观察在具体的文案中，汉语和英语的省略现象各自有什么特点。我们分别选取了 3 则英语广告和 3 则汉语广告，它们的字数都在 30 以上，可以让我们有较大余地观察省略现象的表征，借以分析其后深层的语言和文化特征。

（英 64）Clorox（洗衣剂）

Red is intense. It's demanding and bold and refuses to be anything（省略主语和助动词）if not noticed. In some cultures, red is beauty，in others,（省略主语和谓语动词）the colors of power. Red stimulates our hearts and our lungs. It screams for us to stop. But it wants us to love.（省略宾语）

Keep your reds red.（省略主句，是介词短语作中心成分的单省略句）For colors as colorful as your whites are white.

White is pure.（省略主语和谓语动词，是形容词做中心成分的省略句）Innocent.（同上）Clean.（省略主语和谓语动词，是名词短语做中心成分的单省略句）The color that doctors wear.（同上）The color of brides.（同上）The color of winter. White is humble.（省略主语和谓语动词，是形容词做中心成分的省略句）Simple.（同上）Secure. It signals surrender, but（省略主语）stands for peace.

Keep your whites white.

（英 90）DawnPlus（洗衣剂）

（省略主语）Removes tough, stuck–on food so easily, it's like your dishes cleaned themselves.

（省略主语和部分谓语——助动词）Introducing the more powerful Dawn Plus line.

The all–new Dawn Plus lineup–like new Dawn Plus with Power.

Scrubbers–makes tough food cleaning effortless. And that means a whole lot less（省略宾语中心词）on your plate（省略介词宾语中心词）.

（省略主语和部分谓语——助动词）Want proof？Visit DawnPowerScrubbers.com

（省略谓语动词）Grease fighting plus tough food cleaning in every bottle.

（英 91）Arm & Hammer（洗衣剂）

（省略主语和谓语动词，是名词短语为中心成分的单省略句）Essentials harnessing the power of nature.

Arm & Hammer, the sole corporate sponsor of the first Earth Day, discovers the secret to powerful cleaning without phosphates that can harm the enviornment.

Arm & Hammer discovers the secret to natually cleaner, fresher laundry that's better for you and more sensible for the enviroment.

（省略主语和部分谓语——助动词）Introducing Arm & Hammer Essentials with 100% plant–based soaps.

Go ahead. Compare Arm & Hammer Essentials to leading detergents. You'll get cleaner and fresher laundry thanks to the combination of Arm & HammerBaking Soda and 100% plant–based soaps. Plus, it rinses thoroughly leaving virtually no residue, so it's non–irritating to your skin and gental on fabrics. Arm & Hammer Essentials is concentrated, so it's easier to carry and use,（省略主语和谓语动词）and less wasteful for the enviroment.

It's today's way of caring for your family and the enviroment.

（汉 90）荷塘月色，自然生活哲学（省略部分谓语）

快乐，就像身边的风景，（省略主语）最容易看见，（省略主语）也最容易被忽略。

在回家的路上，（省略主语）总是有最多的感慨。（省略主语）尽管不是那么时髦，但我愿意做一个恋家的人。如果，我们都能够遵循自然规律，生活可以变得更简单更真实。荷塘月色，用曲径通幽的江南水景园林，用自然天成的白云山风光，用大自然呼唤自然心态的回归。这样豁达、从容的生活态度，我们称之为荷塘月色，（省略连接词）自然生活哲学。

在雨天，（省略主语）走进荷塘月色，（省略主语）做一个丁香般的女子。（方圆集团－荷塘月色）

（汉 91）椰来香，椰来香，我爱这椰香浓浓，就像那梦一般的香。（省略主语）呼吸这椰来香，（省略主语）闻着椰来香，（省略连接词）那南风吹来清香。椰来香，我为你歌唱。椰来香，我为你思量。

（省略主语）颗颗丰满，（省略主语和连接词）粒粒椰香。恒康椰香瓜子。（恒康椰香瓜子）

（汉 92）北京吉普－Jeep 4700

（紧缩复句，前句省略主语和动词，后句省略主语）一碗就过岗。

这里我们不谈酒，谈油——若车似英雄，油似烈酒，（紧缩复句，前句四字格，省略主语和宾语，后句省略主语）鲸吞豪饮实在是莽汉行径，（紧缩复句，前句四字格省略主语，后句省略主语）有量有度才见真正 Jeep 作风。事实上，以 4700ml 的排量，Jeep 4700 的油耗指数绝非传说中那样夸张，（省略主语）和同级车相比，马力毫不逊色，燃油却一派君子之风，（省略主语）以新眼光看 Jeep，阁下不妨亲临我们的试车会——（紧缩复句，前句省略主语和宾语，后句省略主语）一试见真章。

从以上对于汉语和英语广告文本的对比，我们可以发现，很多广告语中所涉及的省略现象，在广告文本都有体现。并且同时再次验证了我们对于汉英广告省略不同现象的总结：汉语广告主语省略现象比较普遍；汉语广告连接词省略现象比较多；英语谓语省略现象比较普遍。另外，在（汉 92）的例子中，我们还可以发现汉语广告的另一种特殊的省略句式——紧缩复句。

所谓紧缩复句，就是用单句的形式表达复句的内容，省略掉连接词，纯粹用意合的方式把复句连接在一起，在这样的句子中，汉语四字格的运用非常多见，充分体现了汉语言简意赅的特点。

4.3.4 汉英广告省略现象相同点和不同点的分析

汉英广告中都有省略现象，但是表现方式各有不同。汉语广告的名词性省略比较普遍，而动词性省略不多；英语广告的动词性省略，特别是部分谓语（助动词）省略非常普遍，而名词性成分完全省略则不常见。这其中比较有语言结构表层的原因，也有民族文化等深层的原因。

1. 名词性成分省略的差异

中西方有着不同的文化渊源。西方民族的“海洋文化”强调“主客分离、人物分立”，而汉民族的“大陆文化”强调“天人合一”。这一点突出表现在英语少省主语、汉语多省主语上。此外，还由于汉语是以意合为主的语言，只要能达意，省略的时候不必考虑语法或逻辑关系。所以汉语中主语省略最为常见。而英语讲究形合，有严谨的主谓结构，句式呈“聚集型”，所以英语通常每句都有主语，人称代词作主语往往多次出现。而汉语中如果前句有一主语，后句同，就不必重复出现。

值得注意的是，汉语中还存在省略不同主语的现象。总之，汉语省略主语的情况远远大于英语。

2. 动词性成分省略的差异

英语常常承前省略相同的谓语动词或谓语动词词组的一部分，这体现了印欧语言有明显形式标记的特点。就省略而言，由于英语是以形合为主的语言，因而英语中的省略多数伴随着形态或形式上的标记。但在类似的情况下，汉语一般不省略谓语。正因为汉语意合的特点，使得汉语在谓语部分的省略慎之又慎。此外汉语排比还讲究视觉上的均衡美和语音上的气势美、音韵美，这也使得谓语一般不省略。因此，汉语很少承前省略谓语。

3. 连接词省略的差异

汉英语省略的差异还表现在连接词上。如上所述，英语重显性，句中的连接手段频繁使用，有严密的形式逻辑。而汉语造句少用甚至不用形式连接手段，仅靠词语和句子内涵意义的逻辑关系，便能构成连贯的语篇。汉英在连接词的省略上差异很大。英语重显性，多用连接词，而汉语的逻辑关系多隐藏在句中，少用甚至不用连接词。

汉英广告的省略现象存在很多的不同，并各有其深层的原因，但是它们都是为满足广告语言对于经济性的要求。我们还可以发现，为了达到信息传达量的最大化，广告中有很多省略句其实是利用标点符号把原来完整的句子断开而造成的。一般文章用逗号多，但是广告中逗号用得不多，用得多的是句号、破折号、省略号、感叹号等。或者根本不用标点的地方大量使用标点符号，造成句子的分离结构。这实际上把句子割成更多的信息结构单位，增大信息量，同时节省了空间与费用，突出了所宣传商品的特征，加大了宣传效果。如：

（英 92）We've hidden a garden full of vegetables where you'd never expect. In a pie.（食品）（译文：我们为您准备了满满一园的蔬菜。就在一个馅饼中。）

（英 93）Automatic focus lets you take this picture…easily-only POLAROID lets you see it….INSTANT+LY.（POLAROID 照相机）（译文：自动聚焦使您轻松拍照，POLAROID 使您看到照片——马上。）

（英 94）Kids—we're giving away 500 \$5.00 vouchers for Spear's Games—it's easy to play.（Spear's 游戏）（译文：孩子们——我们免费发放 500 份 5 元代金券，来玩 Spear 游戏——很容易玩的游戏。）

（英 95）Buy Dazzle toothplate. Today. Because it gives

you a superstar smile.（Dazzle 牙膏）（译文：选择 Dazzle 牙膏。就在今天。因为它让您拥有超级明星般的微笑。）

（汉 93）樱花，我们为你想的更多（樱花抽油烟机）

（汉 94）风声、颂声，声声入耳，雅韵、酒韵，韵韵关情（水井坊酒）

4.4　汉英广告语言句式经济性特点的语用认知探讨

从功能语言学角度看，广告语言具有如下三个方面的功能，一是传递产品信息，保证信息必须明白醒目；二是使所传递的信息在接受者那里留下深刻的印象，使广大接受者迅速准确地把握住广告的核心信息；三是广告语言在传播媒体上的经济原则，即广告语言必须考虑广告从制作到传播这一过程中的费用支付的经济原则，尽量减少广告语言在媒体上所占用的时间和空间。这三个方面的功能影响着广告语言的特征。用最短的时间、最少的篇幅，获取最大限度受众的最深刻的影响，成为广告语的最高目标，这就是广告语的经济性，而其中最常用的策略就是使用模糊性语言和省略结构。

汉语广告和英语广告在模糊表达方面都存在使用模糊修饰语、模糊限制语和抽象概念表述这样的手段。

在使用描述性模糊修饰语方面，英语广告特别注重对产品或服务的特性、特征进行缜密入微的重墨描述，特别突出其个性的与众不同之处，而汉语广告注重创造总体形象，强调效果，把顾客期望值提升到一种近乎理想和完美的状态，“更”就成了最常使用的模糊词了。但是汉英广告都有的一些模糊词如 new/ 新、good/ 好等体现了消费者对产品性质和质量共同的关注。汉语广告和英语广告中都大量存在比较级和最高级形式的修饰语，但是因为法律的限制，它们一般都不出现比较对象，或者用隐晦的方式表达自己是消费者“最好的选择”。英语因为有形态的变化，所以比较级和最高级修饰语很容易判断，而且很多广告还利用 -er、-est 和使用 more、most 来构成形容词副词比较级、最高级的方式来创新使用词汇和语法，如在名词或者动词进行形态变化，一方面可以体现比较和最好的修辞效果，一方面可以获得语言使用的新奇感。汉语没有形态变化，使用“更”和在“最”副词来表达相应意义。汉英广告中都有大量的复合修饰语，体现了语言修饰语前置的普遍倾向。但是汉语的复合词修饰语意合特征比较突出，同时因为汉语语言的兼语现象，一些词的修饰目标模糊，从而形成了语言的模糊性。所以汉语复合修饰语的模糊性多数源于搭配的模糊性。而英语的形合特征比较突出，在形成复合词的时候，也要按照语法规则进行形式变化，如 full-flavoured, stiff-tufted 等。这使得修饰语的修饰目标非常明确，所以英语复合修饰语的模糊性多来自于语义，而非搭配。

除了使用模糊修饰语，模糊限制语的使用在广告中也很常见。作者认为数量限制语也属于模糊限制语的范畴，尤其是使用精确数量词来表达模糊的概念，这在汉英广告中属于比较特殊的语体现象。

抽象概念的表述也可以增加语言的模糊效果，从而达到语言的经济性表述。但是和英语相比，汉语缺乏像英语那样的词缀虚化手段，没有形态变化，形式相同的词，可以是名词，也可以是动词，还可以是形容词或其他词类。从形式上很难分辨出抽象或者具体，所以汉语广告中多使用一些比喻的修辞手段，把抽象的概念具体化，同样都完成对抽象概念的表达，同时还有利于传达语言的美感，让消费者有积极而美好的情感联想。

除了模糊语言的使用，省略结构也可以很好的实现广告语言的经济性特点。功能语法的信息结构理论认为，人们使用语言时省略的成分都是不言自明的已知信息，留下来的都是重要的新信息。广告的目的就是要及时有效地宣传，使其宣传的商品信息新颖独特，具有冲击力，从而在同类商品中获得优势地位。这促使广告商在设计广告时，除选用精确、凝练、鲜活、生动的词语，组织简单明了的句子，采用比喻、拟人、押韵等修辞手法外，还要十分重视省略，省略那些不言自明的已知信息，使广告语中的新信息和重要信息更加集中，并以信息流的形式凸现出来，给观众难以忘怀的印象。

长期以来，人们对于各种省略结构的研究热情都很高涨，其中很主要的原因就在于它结构上的特殊性。它虽然没有语音形式，但是不乏语义内容。这体现在广告语篇中，就表现为句式的简单化和经济性。广告的特性决定了它需要尽量用少的语言符号表达丰富的内容，而且能够成功地劝服读者接受被广告的产品和理念。广告语篇中的省略结构除了丰富性，也具有复杂性。这体现在：同一种性质的省略，有时候具有鲜明的跨语言的差异性。这种差异性有时比较小，可以用不同语言在形态上的差异或者参数差异来解释；有时差异性就比较大，单纯靠形态学上的差异可能不太好解释，这就要求我们结合省略结构在不同广告语篇所处的文化背景探讨语用和认知上的解释。

从本节对于省略句在中文和英文广告语篇中的对比，我们发现：省略句在汉英文广告中都大量存在。这首先是因为省略句本身具有鲜明、突出、紧凑、醒目的特点，能有效改变行文的节奏，容易让听众和读者产生视觉及心理上的错位感，引起其注意，因而能产生鼓动感奋的移情效果，从而激发人们的购买欲望。另外，省略句与广告中应做到尽量减少篇幅，在有限的时间、空间和费用内达到最佳的宣传效果的目的是一致的，它也是获取经济效益的一种语法手段。

汉英两种语言中的省略现象大致都可分为名词性省略、动词性省略和连接词省略，表现出一定的相似性。但由于东西方不同的文化渊源和语言特点，两种语言在省略上也存在着众多不同之处，其主要的原因是源于形合与意合的区别。

英语是以形合为主的语言，注重显性连贯，注重以形显义。而汉语则是以意合为主的语言，注重隐性连贯，无须借助词汇、语法的衔接手段。正如很多语言学者所言，汉英在语言学上最重要的一个区别就是形合和意合的对比，而形合和意合的差异也在各自的省略成分上表现出来。

第五章　汉英广告语言修辞多样化的对比研究

为了增加语言的生动性，修辞在广告语篇中是常用的策略。一个广告成功与否，很大程度上体现在其文案是否运用多样的修辞手法，生动、形象地表现广告的创意和主题。修辞作为一种语言使用的艺术，如果使用得法，会使广告语流光溢彩，赏心悦目。达到“视之则锦绘，听之则丝簧，味之则甘腴，配之则芬芳”的效果。(《文心雕龙·总述》)

辞格就是积极修辞的一种手段，是修辞中体现表达效果的语言模式。辞格在汉英广告中的应用比比皆是，举不胜举，充分展现出语言音美、形美、意美的特点。著名语言学家陈望道先生在《修辞学发凡》一书中说，修辞格的语言是一些“超脱寻常文字、寻常文法以至于寻常逻辑的言语方式，而使语辞呈现出一种动人魅力的词语。”（转引自周建民，1998：p24）

本节要讨论汉英广告语言的特点，就从多样化的角度探讨辞格在汉语和英语广告中如何达到音美、形美、意美的效果。

常见的英语广告修辞有：①明喻；②暗喻；③仿拟；④双关；⑤押韵；⑥排比；⑦对比；⑧拟人；⑨夸张；⑩类比。广告英语的另一醒目特点是大量使用委婉语。美国广告文案修辞手法还有设问、反问、反语、层递、轭式、似是而非、矛盾、暗引、渐进、倒装、突降、头韵、拟声、叠韵。

汉语广告修辞可以归纳出20种。即①反复；②押韵；③对偶；④引用；⑤仿词；⑥设问；⑦比拟；⑧比喻；⑨衬托；⑩双关；⑪粘连；⑫夸张；⑬排比；⑭析词；⑮回环；⑯反问；⑰反语；⑱顶真；⑲对比；⑳层递。

英语和汉语的修辞格有的有对应关系，比如比喻、排比、拟人、夸张、双关等，有的则没有，比如汉语中有的顶真、回文、析词等。我们为了讨论的方便，从修辞效果的角度进行讨论，即英语和汉语的广告所用辞格在达到音美、形美、意美效果方面分别都具有什么特点。

5.1 音美——汉英广告中用韵的对比研究

用韵是体现语言音美的主要修辞手段，同时又是汉英广告中都有的语言现象。押韵引起声音回荡，由此引起的情感起伏、心绪搏动，常常让读者有美的感受和满足。押韵能使广告的句子具有语言的匀称节奏，读来朗朗上口，顺畅悦耳，令人回味无穷，因此使广告具有较高的记忆价值。

英语的 rhyme（押韵）源于拉丁文。所谓押韵，是指音节中相同音素的复现。如果复现的是押韵音节的开头辅音部分，就叫做头韵。如果复现于押韵音节中的是中间元音部分，就叫做腹韵；如果复现的是押韵音节中的后面部分（可能包括元音 + 辅音，或者单独的辅音结尾），就叫做尾韵。早在十四世纪末，杰弗雷・乔叟将头韵（alliteration）开始用在盎格鲁撒克逊诗歌中。英国文学史上已知最早的文学作品《贝奥武夫》这一英雄史诗也是以头韵体叙事的长诗。后来在宗教仪式中，牧师们为了使来做礼拜的人唱起来容易，便于记忆，才用了韵脚（foot），尾韵才逐步盛行至今。

而汉语押韵从《诗经》时代起就以尾韵为主要形式。如汉语的楚辞、唐诗、宋词、元曲以及启蒙读物《三字经》《百家姓》《千字文》等无不用韵。具体到广告中，为了达到音意俱美的效果，设计者都是如何用韵的，将是我们本节关注的中心点。下面我们通过一些汉英广告实例来看不同类型的用韵：

英语广告语言中的韵主要是头韵和尾韵，其中使用头韵的例子有：

（英 96）Workout without Wearout.(Flomingo-Hi 牌运动鞋)(译文：经穿耐磨。)

（英 97）Health, Humor &Happiness. Gifts we'd love to give.(Saturday Evening 晚报)(译文：健康，幽默，快乐。我们的馈赠。)

（英 98）Sensuously smooth. Mysteriously mellow. Gloriously golden. Who can resist the magic of Camus XO. Cognac？（酒品）(译文：无限丝滑的味感。神秘的醇厚滋味。尊贵的金色光泽。谁能抵制 Camus XO. Cognac 的诱惑？）

（英 99）Soft and silky smooth，With a delicate fragrance and a light refleshing feel.（Nulon 护手霜)(译文：柔滑丝感，气味芳香，触感轻盈。)

使用尾韵的例子有：

（英 100）Flash. Dash. Classic Splash.（Glenliver 威士忌酒)(译文：闪亮——经典酒品。)

而在汉语广告中，韵主要有同字韵、双行韵和排韵。

同字韵：

（汉 95）在白天最为醒目，到夜晚光彩夺目（广告公司）

（汉 96）纯净氧气，您的福气（氧立得）

（汉 97）百年老店老介福，洒下人间都是福（老介福

商厦）

（汉 98）只怕不识货，不怕货比货（万泉河天然椰子汁）

双行韵（换韵，随韵）：

（汉 99）你拍一，我拍一，新一代的学习机

你拍三，我拍三，学习起来很简单

你拍四，我拍四，包你三天会打字

你拍五，我拍五，为了将来打基础

你拍八，我拍八，学习游戏顶呱呱

你拍九，我拍九,二十一世纪在招手（小霸王英文电脑学习机）

排韵：

（汉 100）北京啤酒，给你带去美的享受

北京啤酒，使你感到放松自由

北京啤酒，让你勇敢追求

北京啤酒，值得你信赖的朋友（北京啤酒）

（汉 101）莫叹蜀道难，川航通九天（四川航空公司）

（汉 102）巧用心，舒适“道”家

巧用心，时尚“履”途

巧用心，节能“负”出

巧用心，安全“罩”顾（重庆长安汽车）

（汉 103）来一块荷氏薄荷糖，源源清爽，强劲释放。立刻喉咙舒爽，不同凡响！（荷氏薄荷糖）

英语广告和汉语广告都存在用韵的情况。但是很明显，英语的头韵比尾韵（韵脚）使用更频繁。这体现了西方修辞传统特点。亚里士多德说过；“散文结构的形式，既不应当押韵，也不应当没有节奏。押韵的形式，因为是人工做作的，所以会破坏听者的信任。同时，它也会分散听者的注意力，老是注意韵脚的重复……可是，另一方面，没有节奏的语言，又太没有限制了。我们不要韵脚的限制，但也应当有一些限制。否则，效果就会模糊而不能令人满意。”（引自申小龙，2000：p231）而英语广告中头韵的使用可以取得节奏感，让人感受到语言的美，同时，尾韵并没有得到特别的重视。

与之不同，汉语广告用韵上最明显的特点就是韵脚，而且种类非常丰富：同字韵、双行韵、排韵、隔行韵等。这一方面首先有传统的原因。汉语最早出现的文体是诗歌体，有诗文的传统，而古诗词讲究的就是韵。普通话的韵母有 39 个，按照诗词曲的传统归纳有 13 辙。同时韵有“宏”、“柔”、“细”之分。宏韵开口度大，鼻腔共鸣，声音响亮，易于表现欢快、自信、豪迈的感情色彩。而开口度小，鼻腔不共鸣，声音婉转平和，响亮度小的韵是“细韵”和“柔韵”，用来表现自然亲切、耐人寻味、细腻安详的气氛。（王军元，2003：p82）所以，广告用韵的讲究和中国的传统审美是分不开的。

其次，汉语语素是有声调的汉字，有平上去入的声调规则，汉字字音担负着和视觉空间相生共存的听感的延伸，而句尾承担的听觉空间比较大，这也促成了对押韵的重视。

第三，汉语以单音节语素占优势，而且自由灵活，易与组合，容易协调。

综上所述，汉语的语音特点，以及中华民族所追求的那种整齐划一、和谐对称的美感，造成了汉语在用韵上追求言辞华丽、结构整齐、平仄合理、协调优美、旋律讲究的修辞观。

英语文字属于字母化的语言书写符号系统，语素不是word，是由词根、词缀、形态形式组成。词义灵活多变，可衍生性强。因此便于协调音节设计音韵，利用语音的表意功能进行组合、重复、对比，使之具有不同的修辞效果，起到烘托气氛和烘托题旨的作用。

另外，英美传统文化强调个性的发展和开拓创新，所以在用韵修辞上更崇尚有独特创意的表现手法，追求新、奇、美，避免同字重复。

5.2 形美——汉英广告中对偶、顶真和回文的对比研究

5.2.1 汉语广告对偶多

对偶，又称“对仗”、“骈偶”、“丽词”，是古代诗歌中一种重要的语言表达形式，把意义相关或者相对的两个结构或句子对称排列在一起，字数相等或相近，结构相同或相似。

对偶是一种非常特殊的文体，有浓郁的中国传统特色，而且只有在汉民族语言的特定基础上，才能产生。启功先生曾说：“骈偶乃汉语之魂”（引自冯胜利，1997：p129），把骈偶看做汉语的“基因”，并且指出：“研究语法不能不管对偶和平仄，不能不问骈文与诗歌。”（引自冯胜利，2000：序言）根据研究，骈偶的主要特点是：结构稳定，互文见义，互文见形，表现出一定的显性特点，具有形合语言的特点。（郭富强，2007：p105）

对偶具有音美、形美、意美的特征。在读音上，对偶的音节整齐匀称，节奏和谐优美、铿锵有力；在形式上，骈偶有工对也有宽对：前者要求严格对仗，上下字数相等，结构相同，词性一致，平仄相对；后者要求较为宽松，语法结构、词性、平仄大致相对即可，有韵也可，无韵若对仗巧妙也可以。有了这些特点，对偶在中国古代的文学作品中占有很重要的一席之地，和古代的诗词、散文、戏曲

构成复杂的交叉关系。在现代语言生活中，对偶也随处可见，广告标题中采用对偶的句式就很常见。如：

（汉 104）穿梭中国，装点世界（中捷缝纫机）

（汉 105）欢迎春夏秋冬客，期待东南西北人（旅馆门联）

（汉 106）分享此刻，享受生活（柯达）

（汉 84）我预告天气，您预备生活——神州大众卡现正推出天气预报服务（神州大众卡）

（汉 107）高品质，好滋味（太太乐鸡精）

（汉 108）正宗花生油，地道花生香（胡姬花）

（汉 109）统一用心，人间有情（统一方便面）

（汉 110）年年岁岁雪相似，岁岁年年豹不同（雪豹皮衣）

按照郭富强（2007：p107），汉语中对偶的互文见形特点主要是因为：两部分的词性、音韵、修辞等方面都呼应、相对应，互为依据。通过前半句，我们能知道后半句词语的基本词性，这是对偶结构的基本语法所决定的，体现了词语之间的聚合关系。而对偶的互文见义特点在广告语言中也十分重要。汉语是语义型语言，对语义的把握很重要，不像英语那样通过显性的词法、句法或是形态（形式）来帮助读者确定意义。汉语通过其他的手段，“就是向内通过字形字音来表示字义，向外通过相对位置来映衬字义。并列式结构的词可以通过相互对待来确定其意义，比它更大的单位也可通过与对应成分的关照来确定整个词的意义。”（潘文国，1997b：p354）比如，在（汉 109）中，“统一”可能是动词义，也可能是名词义，同时还是企业名称，但是由下联的“人间”可以推知上联的“统一”是名词义，从下联的“人间有情”，可以确定上联的“统一用心”指的是企业在用心做产品。这样骈偶的形式互文显义，它规定了句子内部的基本节奏以及两句之间的对应关系，利用结构的平衡性来帮助读者解读句意，获取信息。

这和英文广告中也大量出现的排比和并列结构是不同的。

（英 101）Good time，Great taste，McDonald's.（McDonald）

（英 102）Come to where the flavor is. Come to Marlboro Country.（Marlboro）

（英 103）We lead. Others copy.（理光复印机）

（英 104）Take TOSHIBA，take the world.（东芝）

（英 105）We integrate，you communicate.（三菱电工）

（英 75）No business too small，no problem too big.（IBM）

（英 106）Be one in a million，not one of a million.（潘婷）

（英 107）Expect more. Pay less.（Suave 护发品）

（英 108）No wires. No worries.（Warner 文胸）

英语广告中的这类平行结构看起来和汉语广告中的对偶很像，但是很难实现汉语严格对偶那样整齐匀称：严格对偶不但要求字数相等、结构相同，而且要求语音平仄协调、字面对应而不重复。而英语广告中的这些平行结构更多的是关注内容上的相对应。如（英 102）出现了重复使用的“come to”，而且前后结构迥然不同，前者是个名词性从句，后者是个名词词组。（英 104）中出现了重复的“take”，前半句是个专有名词，没有定冠词，而后半句是普通名词，有定冠词 the。（英 103）、（英 105）、（英 75）、（英 106）、（英 107）几例则是相反或者转折的结构关系，除了音调无法做到平仄协调，结构上比较接近汉语的对偶。（英 106）句为了避免重复“be”，在后句中进行了省略。

汉语中对偶多的现象其实也体现了中西方的思维差异。按照潘文国（1997b：p370），骈偶是汉民族偏重整体思维的结果，也是汉语具有形合特征的基础和背景。他认为对偶的双方互以对方的存在为前提和条件。在以这种手段进行广告语创作的时候，每使用一个字词或者概念，心里必然已想到了另一个字词或者概念，这是辩证思维的一种表现。中华民族自古代就有发达的辩证法思想，从《周易》到《老子》，从道分阴阳到名实之辩，都体现了科学的辩证法思想，正是这种思想蕴生了对偶这种特殊的表达手法，而这种表达手法的广泛运用也必然导致辩证思维。广告中对偶手法的大量运用是汉语广告的一个重要特点，同时也反映了汉民族的思维特征。

5.2.2 汉语广告特有的顶真和回文

顶真句式，上递下接，首尾蝉联、连锁相扣、结构严整、语气连贯、音律优美。老子云：一生二，二生三，三生万物。这就是顶真的审美特点所在。如：

（汉 111）车到山前必有路，有路必有丰田车（日本丰田）

（汉 112）骆驼进万家，万家欢乐多（骆驼电器）

（汉 113）长城电扇，电扇长城（长城电扇）

汉语的语序比较松散，属于语义型语言，对语义的把握很重要，不像英语那样通过显性的词法、句法或是形态（形式）来帮助读者确定意义。所以可以利用顶真的手段，把上句的句尾处理成下句的句首，使句意紧密相连，而读来音韵绵绵不断，有独特的美感。这在英语是很难做到的。

回文是另一种汉语特有的修辞方式，指把前后语句组织成穿梭一样的循环往复，以表达事物之间的有机联系。它既能造成文字和声音的回环往复的美感，也能有机地把广告中的诉求信息进行有变化的宣传，深化读者的印象。如：

（汉 114）客上天然居，居然天上客（天然居饭庄）

（汉 12）静静地吸，吸得静静（飞利浦吸尘器）

（汉 115）痛则不通，通则不痛（追风透骨丸）

（汉 116）万家乐，乐万家（万家乐电器）

严格意义上的回文，应能保证形式上的极度对称，语音上的美妙回旋，语义上巧妙承接，形象上历历再现。这在现代汉语中，已经很难做到，尤其是形式上的极度对称，因为现代汉语的双音节词居多，字和字之间的牵扯妨碍了字的灵活性，不如古汉语便利。但是即使是这样，汉语广告中也不乏回文的佳作，而这在拼音文字的英语中，是很难做到的，原因就在于英语的语义呈现来源于语法结构的严整，不如汉语那样语序变化便利。比如在英语中有类似的回文：

（英 109）You like it，it likes you.（七喜汽水）

（英 110）Keep your incomings come in.（花旗银行）

（英 109）中的前后句式在形式上已经非常接近回文了，但是因为英语的屈折变化，在 it 后面的谓语动词要添加表示第三人称单数动词形式的词素 s，这样前句的 like 和后句 likes 就有了形式的区别。同样的，（英 110）的 incomings come in 也呈现了类似于回文的回环格式，但是因为 incomings 属于可数名词的复数形式，必须有标志复数的词素 s，另外还有词素 ing 表示词的名词词性，所以在形式上 incomings 和 come in 就不能做到语序上的照应。

所以，汉语的回文和顶真除了得益于汉语语言结构特点，还体现了汉民族在思维上讲求整体统一的特性，以及汉民族独特的审美倾向，这不同于英语民族追求开放、自由、不受约束的特点。

5.3 意美——汉英广告中双关和夸张的对比研究

5.3.1 双关的对比研究

双关，在英语中叫做 pun[1]，是指在特定语境下巧妙使用同形异义词（homograph）或者同音异义词（homophone），造成一个词或词组可以有两种完全不同解释，但在逻辑上有一定关联的现象。英国十七世纪著名诗人兼戏剧家 John Dryden 曾经给 pun 下过一个很幽默的定义：“双关——就是用一万种手段去折磨一个可怜的词儿。”

按照 Redfern（1985：p5），双关有四种功能：引起注

[1] 也有一些语言学者区分了 pun 和双关，如李国南（1999：p313）认为 pun 除了包含汉语双关所指的用一词关涉两种意义的修辞方式，还包括利用“两个”或者“两个以上”的同音词或近音词做文章的情况。还有的英美语言学界的学者认为“antanaclasis”，也属于 pun，包含重复意义不同的同一个词或者词的同一个形式或发音。我们这里取多数学者的意见，认为 pun 与双关指的是同一种辞格，都使用“双关”这一概念。

意；激发兴趣；加深记忆；提升交际双方的社会关系。双关语的这些特质“揭示了为什么在广告中，包括很多获奖广告中，双关语和 wordplay 如此大受欢迎”（引自杨冰，2001：p33）。很多研究者对于双关的类型和它在商业文体中的运用进行了研究，（kirschner 1972;Quirk 1951;Redfern 1982;Sheldon 1956，引自 Redfern，1984：p128）并且肯定了双关在语言使用中的作用。但是，也有一些广告研究者对于这种 wordplay 表达了他们的疑虑。如现代广告之父 Claude Hopkins（1927：p179，引自 Redfern，1984：p130）就说过：“漫不经心和幽默都不该出现在广告中。花钱是件严肃的事情……人们可不想从小丑那里购买东西。”另外，Rossiter 和 Percy（1987：p512）在他们的书中也建议“不要使用模糊的字眼或者双关”。对双关持否定观点的学者认为：双关或者 wordplay 用法上过于间接，所以很多时候达不到说服的效果。他们还有人认为双关是“比较低级的文字游戏”（Lionel Duisit；Dryden，引自 Redfern，1984），“很多时候被认为有制造幽默的意图，但是在很多语境中都不恰当”。（Shezer，1985：p215）

但不管学人对于双关的意见纷纭，它仍然受到很多广告人的青睐，中西广告皆是如此。可见双关作为一种重要的修辞现象，在中文广告和英文广告中都占有不可忽视的一席之地。根据英语双关语的表层结构，双关语通常被分为一词二义双关和二词同音异义双关两大类型。（刘金玲，

1999）一词二义双关就是利用词的同音和多义的条件，以一个词或一个短语关涉两个意思。如：做女人挺好（丰韵丹），这里“挺”表面上指“非常，很”，实际上指“丰满，挺拔”。广告意思含蓄又深远，符合汉族人的表达习惯和审美意识。

一般说来，一词二义双关分谐音双关、语义双关和兼用双关三种：谐音双关和语义双关是分别表示两个概念的两个词或短语只出现一个，另一个隐形，隐形部分需要听者或者读者根据上下文或者语境去分析才能领悟，这就需要读者或者听者根据认知语境和背景知识重建认知关联的能力。如“东边日出西边雨，道是无晴却有晴”中的“晴”就是谐音双关。又如4303030（三菱电梯销售电话），这里表面上是一串电话号码，但是通过读者的认知关联，可以发现这其实是“是三菱”的信息，利用的谐音双关，很巧妙。而“I'm More Satisfied”中的More就是语义双关。（这里的More既有“更加”的意思，同时又是香烟的品牌名）。兼用双关是一个词分别和句中两个词搭配，多重语境的模糊性使得这个词有两种不同的理解，被搭配的两个词都出现在句中，属于显性的。如“You unfold a piece of ad and a mystery adventure.”这里unfold a piece of ad表示打开一则广告，而unfold a mystery adventure表示开始一段神秘的探险旅程。这里一词有两用。二词同音异义双关是指一个音所涵盖或关涉的两个意义不同的词都在句中出现，这种结构的双关语在修辞上通常有两个特点：一是一音两响，营造音乐美感；二是两言合一，暗示一种严肃或者诙谐的意义。如：

（英 111）Money donesn't grow on trees. But it blossoms at our branches.（Lloyd's Bank）

“branches”有两个意思：1. 树枝 ;2. 银行分行。这则广告的表层意思是：树上长不出钱来，但它在我们的树枝上开花。而深层的意思是：只要顾客把钱存到我们银行，就会不停地获益。因为同音异义还包括同音同形异义和同音异形异义，所以与之相关的双关也可以继续分成同音同形异义双关和同音异形异义双关两个小类。如“咳不容缓”（止咳糖浆广告）就属于后者。

汉英广告中的双关现象

英语中存在着大量同音同形异义词，这一特点很容易造成一语双关的特殊效果（李国南，1999：p322）。如下面这例中，就大量运用了双关这种修辞手段，以达到特殊的修辞效果。

（英 112）We are literally about to open.

Literally the finest store in Europe.

Foiled again. Try Dillons.（Foil：使…受挫；Foyle：竞争对手的店名——同音异形双关）

Book now for christmas.（Book：1. 书；2. 订购——

同形异义双关）

High brows raised here.（High brows：1. 眉毛，暗指人们很惊喜；2. 山顶，比喻书架很高——同形异义双关，和下面的 browser 相迎合）

Browsers welcome.

Over five miles of books.

And they are all way over your head.（over your head：1. 上面，伸手可及；2. 内容深奥，值得思索——同形异义双关）

Materially supplied for seats of learning.

If you think this stations's deep

You should see our poetry department.

Go to Dillons. And be transported.（transported：1. 被送达；2. 联想，身临其境——同形异义双关）

这是书店 Dillons 的一个广告，Dillons 在伦敦最大的竞争对手叫做 Foyles，Dillons 的很多书在伦敦地铁有陈列。在这样的语境中，我们很容易就可以破解这则广告中众多的双关了。

有时取词语的谐音或两件物体相同的名字来表示双关意义。

（英 113）Every Kid Should Have An Apple After School.（苹果个人电脑）

广告中的“Apple”是苹果的英语单词，也是苹果牌电脑的商标名称。孩子放学回家以后通常会吃一只苹果。该广告意指：吃苹果补充身体营养，用苹果牌电脑补充知识营养。又如：

（汉 117）爱美之心，人皆有之。装上一台“美的”牌电器，使你恍然大悟——原来生活是可以更“美的”。（美的牌电器）

“美的”一语双关，既可理解为句中的一个形容词，又是产品的名字。

省略也往往造成歧义，而双关就是利用歧义来制造特殊的修辞效果。如：

（英 114）Less bread, no jam.（地铁广告）

这里 bread 和 jam 既可以指面包和果酱，也可以指花费和交通拥堵。所以因为省略了动词的限制性搭配，在解读的时候就可以造成歧义。字面上看是对人们的健康指导：少吃面包，不要吃果酱。其实是为地铁做广告：乘坐地铁，花费少，没有交通拥堵之苦。

（英 115）Another moving story. We have moved to Rm 702, no.18 Building……（宝马）

这里的 moving 既可以理解成“动人的”，也可以理解成“搬家”。本来和 story 搭配在一起，正常的解读应该是“有一个动人的故事”，但是当消费者读到下一句：“我们已经迁往 18 号楼 702 室”，他们才恍然大悟：原来这则广告在预告消费者，他们的公司喜迁新居了！这样广告就成功地利用双关，在消费者心理制造了一个“悬念—疑问（迷惑）—恍然大悟—心情愉悦”这样的积极心理反应，增加消费者对于广告的好感度。

很多双关都借助它出现的环境，也就是说环境构成了双关的一个要素。如：

（英 116）If you think your journey's hell，try catching the 1815 to Waterloo.

Come and see the world's largest reconstruction of the most famous battle in history at the road to Waterloo Gallery（national army museum）.（译文：如果你感觉旅途无趣，就乘坐 1815 到达滑铁卢。这里的滑铁卢美术馆［国家军事博物馆］有这次著名战争的再现景观。）

这则广告出现在伦敦地下铁。如果没有这样的环境因素，大家对于 journey，catch the 1815 这样的信息就会产生迷惑不解的反应，解读起来太难了，而双关的效果就不能产生（恍然大悟就很难出现）。但是有了地铁这样的环境因素，消费者就很容易理解这则广告是关于“滑铁卢站”“滑铁卢美术馆”的。

（英 117）Available in Bars！（Vaux Samson Bitter 巧克力）

这则广告和巧克力图片出现在一起。这里 bar 就可以理解成“酒吧”或者“成块”，因为有了巧克力的图片，消费者就可以顺利地解读该广告的内容，而不会有歧义。

双关还可以帮助广告人表达一些敏感的信息，比如性或者社会禁忌。如：

（汉 118）没什么大不了的（三源丰胸产品）

（汉 119）做女人挺好（婷美美体内衣）

看到这两个广告，很多国人都会会心微笑，因为它们都是特殊用途产品，根据国人的文化心理，是不能太张扬而流俗的，一方面要含蓄而富有美感，一方面又要信息明确，唤起人们的购买欲。所以它们利用人们的口头语“没什么大不了”和“挺好”，同时兼顾了丰胸要达到的主要效果“大”和“挺”，达到了很好的语义双关的修辞效果。

有时广告人会有意利用这种双关功能，引导读者“想入非非”。如：

（英 118）Something that is even more delicious than work.（Haig 威士忌酒）

这则广告所配的图片是一个美女和一瓶 Haig 威士忌酒。这则广告的内容是“还有比工作更美妙的事情”，因为配图中有美女和威士忌酒，所以在理解的时候，既可以暗指“性比工作更美妙”，也可以指“喝威士忌比工作更美妙”。

（英 119）After you get married, kiss your wife in places where she's never been kissed before.（Four Corners Honeymoon Holidays）

这里“places where she's never been kissed before”既可以被理解成“空间的地方”，即“您可以在婚后，到妻子没有到过的地方亲吻她”，也可以理解成“身体的某处”，即“您可以在婚后，吻遍妻子没被吻过的地方”。

（英 1209）Wow，how big！（All Nipon 航空公司飞往 okinawa 岛的航线）

图片中两个性感女孩在海水中嬉戏。这里的“big”既可以让人理解为广阔的海面，或者旷远的岛屿，也可以理解为女孩丰满的酥胸，让人惊叹。

（英 121）She wants to put her tongue in your mouth.

这是“香港学习语言中心”（the Hong Kong Learning Language Centre）的广告。它的字面义是“她要把舌头放进你的嘴里”，读来非常挑逗而充满刺激性，但是读者结合语境——这不是色情广告，而是语言培训广告，就可以获知它的实际含义“她要把她的语言教给你”。这个句子的歧义在于 tongue 这个词，它既可以是指“舌头”，又可指“语言”。

汉英广告中双关的语用认知研究

双关之所以受到广告人的青睐，有几个方面的原因。首先，它符合了语言的经济原则。Redfern（1984：p130）说：“广告版面很昂贵，经济原则就很重要，而双关具备高度经济性（一个词的价钱表达两个词的意思）。”其次，双关会强化读者对于广告的记忆。“一旦广告吸引了注意，广告人要考虑的就是怎么让读者思索、喜爱、记住这则广告（或它的产品）。”（Dyer，1982：p139–140）双关蕴含两套信息，一套是明码，一套是暗码。暗码的解读需要读者花点时间，而当读者花了心思去理解暗码的时候，他们就更有可能记住这则广告。如果读者当时没有理解这种双关的巧妙，他们可能会去问其他的人，这更有助于广告的信息传播。从心理学的角度，一旦完成了对于双关这种文字游戏的解读，读者心理会有一种愉悦感和成就感，这有利于读者对于广告产品的接受。即使双关最终没有被某些读者理解，广告人也认为是有价值的，因为从产品信息的接受方面来看，有反应（哪怕是负面的反应）也比没有反应要好。再次，很多双关都蕴含了本民族的文化。读者在解读双关的时候会增强自我的意识和民族文化的认同感。最后，很多使用了双关的广告都出现在特殊的地点，比如公共交通站点，当人们疲于奔波或者无聊地等车的时候，他们会欣赏双关带给他们的娱乐快感。

英语和汉语的同音同形异义词造成的双关现象都存在，但是英语在这方面表现得更加突出。英语是一种拼音文字，加上它特殊的形成和发展历史，具有混合的性质。（Baugh et al，1978：p9，引自李国南，1999：p324）来自不同语源的意义不同的词，其语音形式和拼写形式却可能巧合，这就造成了大量同音同形异义词。Ullman 指出（1962：p176-180），除了语音融合（phonetic conergence）和语义分离（semantic divergence），许多外来词也壮大了同音同形异义词的队伍。如源自古斯堪的纳维亚语的 ball（球）和源自古法语的 ball（舞会）；源自古英语的 gate（大门）和源自古斯堪的纳维亚语的 gate（道路、街道）等等。欧洲语言中的这种密切的亲族关系造成了英语中大量同音同形异义词的存在，为英语广告中的双关运用提供了很多的方便。

汉语中也存在少数这类由外来语造成的同音同形异义词，如“打”和音译自英语的 dozen（打）可以营造出双关的现象。但是相对而言，汉语是比较封闭的，外来借词远比英语少，而且历来有一种抗拒音译外来词的固有倾向，很多外来词都被意译，进入了汉语的语言系统，所以这方面形成的同音同形异义词就显得少，这类双关语比例也不高。

汉语双关语多利用同音字。“大体说来，汉字都是单音缀的。”（高名凯，1986：p26）比起多音节为主的英语词，汉语中的同音字要多得多，单音的汉字本身又是表意单位，这就为谐音双关大开了方便之门。近年来汉语广告中出现了大量谐音替换四字成语的现象，虽然也有一些音义皆佳的例子，但是大多数质量不高，甚至危害到了汉语的日常使用状态，值得我们警惕。

从文化的角度来看，语言的使用不能离开文化而独立存在，语言"是文化信息的载体和容器"（许国璋，1991：p1），具有民族性。这同样体现在双关的运用上。中国文化传统重集体，重伦理；西方文化注重自我，突出个性。在中国文化传统中，群体利益高于个人利益，这是中国人谦虚的传统，习惯于把个人利益让位于集体利益，隐蔽自己的真实思想，较多地使用迂回、隐晦、或者委婉的表达习惯的原因。所以我们可以发现：汉语的双关用作含蓄委婉表达方式的居多，而英语的双关以表现幽默风趣的为多。

5.3.2　夸张的对比研究

夸张，在英语中叫 Hyperbole，它的希腊名称叫 Huperbole，可以说，这种修辞格实际上发源于希腊。Owen Watson 编著的 Longman Modern English Dictionary 对它的解释是："A figour of speech which gently exaggerates the truth." 即一种言过其实的表现法，汉语叫作"夸张"。"夸张"就是故意渲染以唤起注意，运用想象把事物的某些方面的特点突出出来，以加强语言的表现力。

夸张可以故意夸大也可以故意缩小事实，来造成鲜明意象和独特意境。汉语学界的学者把夸张称之为“增”（王充《论衡》）、“夸饰”（刘勰《文心雕龙》）、“激昂之语”（胡仔《苕溪渔隐丛话》）、“情至之语”（叶燮《原诗》）、“饰词”（黄侃《文心雕龙札记》）、“铺张”（陈望道《修辞学发凡》）以及“扬厉”、“铺饰”等（引自徐鹏，2006：p195）。

夸张按照表现方法可以分为“一般夸张”和“借助夸张”（骆小所，1994：p163），或者“直接夸张”和“间接夸张”（杨鸿儒，1997：p225–229）前者指借助话语本身的意义对客体进行夸张描写，而后者是借助其他修辞格进行夸张。

为了顺应消费者心理中的从优倾向，吸引消费者的注意，广告语言中常常使用夸张的手法，强调商品的主要功能。

1. 汉英广告中的夸张现象

（英 122）It will make all other alarm clocks to wake up with envy.（索尼闹钟）

（英 123）Your world，close at hand.（AT&T 网络公司）

（英 124）No color so pure，so weightless. It's virtually irrestible.（欧莱雅口红）

（英 125）The difference is like night and day.（卡迪拉

克汽车）

（汉120）不在乎天长地久，只在乎曾经拥有（铁达时手表）

（汉121）司机一滴酒，亲人两行泪（公益广告）

（汉122）鄂尔多斯羊绒衫，温暖全世界

（汉123）一切尽在掌握（爱立信手机）

（汉124）我的眼里只有你（娃哈哈纯净水）

（汉125）中意电器，人人中意（中意电器）

（汉126）一杯茶，品人生沉浮（竹叶青茶）

（汉127）钻石恒久远，一颗永流传（戴比尔斯钻石）

（汉128）有线电视，无限空间（苏州有线电视台）

我们可以观察到，在英语广告中，产生夸张效果的手段主要有：利用数词进行夸张（如no），利用形容词和副词进行夸张（close at hand），利用比较句型进行夸张（make all other clocks wake up with envy），利用比喻辞格进行夸张（like night and day）。

在汉语广告中，产生夸张效果的手段有：利用数词进行夸张（一滴酒，两行泪，一颗永流传），利用词语极端词义进行夸张（天长地久，全世界，一切，人人，路路通，只有，无限，永）。汉语广告中的夸张还常常利用对比，突出特殊的夸张效果（一杯茶和人生，一滴酒和两行泪，有线［限］和无限，等）

2. 汉英广告夸张的语用认知研究

从汉英广告进行夸张修辞所采用的手段来看，我们发现英文广告的夸张偏具象——利用数词、比较、比喻或者形容词副词。夸张的特点是注重理性分析、强调修辞的精密型和严谨性，在对现实生活某一具体细节的夸大描述中，突出修辞的戏剧效果。如：（英 122）中索尼闹钟“使其他所有的闹钟都在嫉妒中醒来”。

而汉语广告中的夸张偏感性、重渲染、比较写意。因为中国人讲含蓄，注重“曲径通幽”，讲究“犹抱琵琶半遮面”，所以汉语广告的夸张读来也像浪漫诗歌一样，融合在对“天地、自然、人性”的感悟思考之中，如：“不在乎天长地久，只在乎曾经拥有”、“一杯茶，品人生浮沉”、“温暖全世界”等。

这种夸张修辞格的运用差异其实体现了东西方的哲学思维方式的不同。西方社会在探索世界的过程中，主要是重理性轻感性、重分析轻综合，其总体要求是精密、严谨地描述对象，重理性思维、轻感性思维。而中国人在对世界的认识中采取的是一种重虚轻实、重功能轻形体、重综合轻分析的思维方式。但这并不是说中国传统文化不重视理性思维，而是说其将理性思维与形象思维融合在一起，没有发展出那种严谨、明晰的逻辑系统，比较而言，中国人更重视形象思维。语言是文化的镜子，同时，也是文化的窗口，由于中西文化在哲学、思维方式上有很多不同，因此，中西语言在夸张手法的运用方式上自然也有很多不同。

5.4　汉英广告修辞多样化特性的语用认知对比讨论

从表面上来，英语和汉语中都存在多种修辞手段的运用。但是修辞倾向折射着一个民族的性格。杨树达在他的《汉文文言修辞学》中论集修辞的民族性时说："族姓不同，则其所以求美之术自异。"（引自申小龙，2000：p242）

泛泛来说，英语民族的人比较含蓄克制，一篇关于 The English Character（英国人的性格）(《英语世界》, 1982（2）) 中是这样叙述英国人性格的：

In many parts of the world it is quite normal to shwo openly extremes of enthusiasm，emoiton，passion etc.，often accompanied by approapriate gestures. The Englishman is somewhat different. Of course，an English feels no less deeply than any other nationality，but he tends ot display his feelings far less. This is reflected in his use of language. Imagine a man commenting on the great beauty of of a young girl. Whereas a man of more emotinal temperament might describe her as "an exquisite jewel"，"divine"，"precious"，the Englishman will flatly state "Um，she's all right" .

而汉民族正好相反。他们倾向于语言的夸张和渲染，“喜用大量形容词、四字成语、同义反复、比喻、排比等手段告诉读者自己的体会、看法和感情。”（蔡基刚，2003：p336）那么具体到广告语言这样的语篇类型中，汉英广告都体现了修辞多样化的特点，二者有共性，又具有各自的特性，这体现了汉语和英语在语用上的各自特点，也折射着东西方文化的相异和交融点。其中相同点很明显：

第一，汉英广告中都存在着相似的修辞手段，比如：比喻、夸张、拟人、双关、反复等。

第二，修辞手段的选择都和各自民族文化不可分割。比如借用自己民族文化中的习语进行创新：

（汉 129）何以解忧，唯有杜康（杜康酒）

这是借用《三国演义》曹操的经典语句，给杜康酒作为广告。

（英 125）Better late than the late.（公益广告）（译文：晚了总比死了好。）

这是仿拟英文中的习语“better late than never”所做的公益广告。

第三，修辞的选择上也体现了文化交流和相互借鉴的特点。在人类历史中，民族之间的交往由来已久，物质、文化交流十分频繁，促进了民族、经济、社会、科学等各方面的发展。随着经济全球化的进程，广告在修辞的选择上也体现了这种文化交融的特点。

第四，汉英广告在修辞手段上都重视改进和创新，从而随着社会的发展而发展，能够更好地被目标受众所接受。

汉语广告修辞和英语广告修辞除了上述共性以外，还有各自的特性：

第一，体现的修辞传统不同。

汉语修辞的目标是“修辞立其诚”，把“诚”作为自己的最高境界。汉语的修辞是和谐人际关系的手段，是天人合一的一种表现形式。修辞说到底，是处理人和语言、主体和客体关系的一种手段。在汉语修辞传统中，“辞”是客体的、外在的，“诚”是主体的、内在的，二者通过“修”这种人的活动达到完美的“天人合一”的境界。所以，汉语的修辞活动，就是运用语言实现这种和谐，令“内在之诚”和“外在之辞”通过“修”达到统一——人言合一。

而西方修辞学的传统，“从一开始就有着很强的目的性，是用来战胜对手的一种工具。”（王希杰，1996：p29）这体现在修辞手段的运用上，也体现出东西方的差异来。像汉语广告中的很多修辞都在强调“天地、自然、人生”，把想要吸引的潜在消费者带入到一种和谐的氛围之中，引起他们对产品的认同感；而英文广告的很多修辞具有幽默、诙谐、戏谑的特点，消除消费者对于产品的隔阂感，从而达到营销产品的目的。

第二，受语言特点的制约不同。

张志公说："修辞运用语言（包括它的书面形式即文字）的特点，同时也受语言特点的制约。"（1998：p566）

汉语的语素以单音节为主，词以单音节和双音节为主，汉语是意合为主的语言，没有形态变化的约束，这些特点体现在修辞运用上，就有如下的特点：首先，汉语语言单位组合灵活多变。如第三章我们分析过的语例"中国网，宽天下"和"宽享人生"，这里的"宽"本来是形容词，但是在这两则广告语中，用作了动词和副词，体现了浓厚的修辞色彩。还有：

（汉130）严防死守，守口如瓶，一机多能（商务通）

这里的四字成语体现了产品的特点，同时每个成语的第一个字连起来"严守一"是当时流行的电影《手机》的男主角名字，是汉语"析文"的用法，这都是汉语的特点提供的便利。第二，汉语语言单位非常容易组合成整齐、对偶、押韵的语句。大量运用这种语言结构是汉语广告修辞的特色之一。如上文中我们分析过的"远在天边，近在眼前"（理光打印机）。第三，汉语除了讲究音节文字的整齐、匀称，为了赢得这种效果，经常会利用字、词、语、句的重复。比如上文中我们分析过的"年年岁岁雪相似，岁岁年年豹不同"（雪豹皮衣）重复使用"年年"和"岁岁"

词组；和“合身的不只是尺寸，快捷的不只是传递，降低的不只是高度，分享的不只是快乐”（蓝色快车）中重复“不只是”，起到强调语气，加强句式的效果。

而英文属于表音文字中的音素文字，是形态语言，有形态变化的约束。其次，英语词的音节参差不齐，语句的结构长短不一，很难做到严格而工整的对称。第三，英语比较忌讳重复，认为那样缺少语言代码的感情色彩，注重新颖和不同。英文广告受到这些语言特点的制约，语言单位的组合就不那么灵便，不容易组合成整齐、对偶、押韵（特别是尾韵）的文字，没有汉语中为数众多的四字成语，也很难形成“顶真”这样巧妙的语言结构。而且为了避免重复，英语广告会采用替代、省略、变换、融合、归纳、引申和其他的变通方式。

第三，体现的思维方式不同。

汉语修辞体现的东方哲学和汉语文化的思维方式：“重视直观的、体验的、人情的、伦理的、欣赏的、趣味的，重视的是整体的把握，而不重视把这个整体的把握建立在可靠的微观的分析的基础之上。”（王希杰，1996：p29）这表现在汉语广告修辞中，就是写意的内容多，强调艺术化，强调把个人的主观感受折射于对世界的表述中，像夸张和比喻都以虚写为主。而英语修辞则体现了西方哲学的理性特征，这和欧美哲学较早地与科学技术相结合有很大的关系，在修辞表现上注重科学化、精密化、客观化，不那么重视整体的把握，而更关注细节的表现。

西方文化认为世界是一个实体，他们在人和自然、主体和客体之间作了很明确的切分，同时，也发展了一套完整的理性和逻辑的思维方式。因此，在广告的修辞手法运用中，西方人倾向于客观和准确的述说。而中国文化认为世界的本质是“无”，即世界来自于虚空的“道”，又复归于“道”；中国人没有在人与自然、主体与客体之间作出明确的切分。因此，中国人在修辞手法的运用上更重视的是主体的所感所想，更倾向于将自己对世界的认识投射到对象之上，也就是说，更倾向于写意。

写意原本是中国国画中的一个概念，要求在体悟和理解对象的基础上，抓住对象的主要特点加以夸张变形，不求形似而求神似，力图写出主体从客体中悟出的精神特征。如：

（汉 120）不求天长地久，但求曾经拥有

（英 122）It will make all other alarm clocks to wake up with envy.

同是对手表等功能进行描写，西方人则是为了突出对象的鲜明特点，利用和其他产品的比较进行夸张，只求形似；而中国人则通过“天长地久、曾经拥有”这样的概念对比，突出对象的主要特征，只为神似。

中国人写意式修辞实际上和中国传统的意象性思维

有关。所谓意象性思维，就是在思维中灌注一种主观表现性，表达主体的某种意向、需要和追求。中国传统哲学中有一个非常重要的观点就是“天人合一”，即认为人与自然密合无间，人既是自然的中心，又是万物的尺度；人对自然的认识应从认识自我开始，人一旦认识和了解了自己，也就是认识和了解了自然和宇宙。在思维方式上，古人把认知与情感融为一体，知、情、意处在一种未分化的状态中。在中国传统的认知方式中，情感因素往往发挥着至关重要的作用，影响了思维的整个过程与方向，使认知活动变成了一种主体意向性活动。因此，中国人重视事物的功能联系，轻视实体形质，重视时间因素超过空间因素，具有整体性、直觉性、具象性、模糊性、意象性等特点；而西方人的思维则是分析的、推理的、单向的与明晰的。

如：同是写化妆品，西方人的修辞是往实处写，而中国人的修辞则是往虚里写。

（英 124）No color so pure，so weightless. It's virtually irrestible.（欧莱雅口红）

该例从“颜色”、“质感”具体方面进行了夸张描写。

（汉 57）今年二十，明年十八（白丽美容香皂）

而上例中，广告只是强调了使用产品前后给人的“年龄”的感觉，不是具象的。

西方人的写实性修辞，实际上是追求语言表达的严密性、精确性、逻辑性，追求科学化的语言；而中国人则追求语言的模糊性、直觉性、意象性，追求艺术化的语言。

最后，英语广告修辞大都采取形合法，中文广告修辞多采取意合法。

英语具有一种外向的进取精神，因此，它舍弃了在简洁、精致或者美感方面的追求，宁愿背上繁琐与刻板的重负，尽力追求严密、精确与逻辑性，并在漫长的进化中使这个追求发展到极致。而汉语因为缺少积极的外向开拓精神，主要具有一种内倾性，在长期的发展中，它没有把精力用于建构严密的概念体系，没有发展出一套规范的结构形式以用来约束话语。因此，汉语通常采用意合法。所谓意合法，就是指汉语的词、短语和句子的构成一般都缺少形式上的标志，其组合主要依靠构成成分之间的意义关系。汉语的这个特点使汉语不太适宜精密描写对象与表达思想。而英语在句子的组合上所用的主要是形合法，其各种词、词组、主句和从句都有明确的形态标志，通常都可以一目了然地识认。

翻译家傅雷指出：“东方人与西方人的思想方式有基本分歧：我人重综合、重归纳、重暗示。西方人则重分析、细微、曲折，挖掘唯恐不尽，描写唯恐不周。”这或许揭示了中西语言在修辞表达上存在很大差异的根源。

第六章　个案研究——汉英广告语言特点的具体体现

随着经济全球化的发展，商品制造商都面临着把产品带出国门，推向国际的任务。广告在此国的策略，直接移植到彼国，就要考虑适应度的问题。真正意义的翻译（纯翻译）应该遵从以下原则：

1）忠实于原文的意思与风格；在意思与风格发生冲突时，先照顾意思的准确性和完整性。

2）准确地表达原文的意义信息、文化信息和艺术信息，包括原文的语气、基调、态度和隐含意义。

3）尽量保持原文的表达形式，包括原文的体裁与文笔风格。

4）体现原文的艺术价值，保持原文的艺术形式与水准。

5）遇到冲突时，以“信”为先。

6）要使用与原文风格相近、自然的目标语言，表达要通顺、明白，符合受众的习惯。

7）不要添枝加叶或胡编乱造。（靳涵身，2004：p227-

228）

对于纯翻译类的广告翻译，无疑要遵从上述规则。但是，由于广告属于国际营销行为，广告最终的准则是要遵从国际营销的原则和市场规律。受这个特殊原则的制约，广告从英文进入汉语文化环境，或者从汉语进入英文文化环境，有时需要打破上述翻译规则，另外树立自己的原则与标准。

广告中的文化问题多涉及器物、历史、习俗、生活习惯等，为了达到泛文化的效果，很多国际广告都从有普适性的情感的角度入手来设计广告语。但是有些含有文化特质的内容，无法适应目标国的文化，那么考虑的就不是翻译的问题，而是重新创作的问题了。

在以上各章的分析研究中，我们看到汉英广告语言都具有创新性、经济性和生动性的特点，但由于各自不同的文化背景，在选择的广告语言策略和体现方式上，有着各自的特点。本章从个案研究的角度，说明汉英广告语言特点在不同文化背景下的具体体现。

6.1　广告的翻译——可口可乐，音美意美形美

可口可乐的广告策略无论是在本土还是在中国，都堪称成功的典范。我们现在从对比的角度审视该商品是如何在不同的语言文化中选择其语言策略的。

6.1.1　商标

商标应当具有“易于拼读、易于书写、易于辨认、易于习得、易于记忆、引人注意、暗示质量、响亮悦耳、易于翻译”的特点（靳涵身，2004：p269）。简言之，也就是要符合形美、意美、音美的特征。其中形美要做到简洁、对称；音美要响亮、易读、有节奏、有韵律；意美要能够激发有助于宣传效果的联想。

可口可乐的英文商标是Coca-Cola，在此之前，并没有这个词，这是一个创新的词汇。因为英语是表音性的语言，在词汇创新的时候，重视和突出的是词汇的音律美。这里借用了该饮料的原料可可——coco，在这个词的基础上进行了音节拓展，即在两个co音节后分别加了ca和la两个音节，并且都是元音音节，延长了发音时间，能够有效地在消费者听觉中留下美好的音响印象。同时，这个创新的词汇内部的几个音节，还能形成头韵/kəukə/和/kəulə/，以及韵脚/ə/。但是总的来说，该商品的英文商标，注重体现的是响亮和节奏的音美特征，就意义而言，它只是“一种有可可味的饮料”。这充分体现了英语作为表音性语言的重要特征。

可口可乐饮料（Coca-Cola Drink）从上个世纪二十年代开始进入中国市场，在我国和英国举行的为本产品命“中文名”的比赛中，正式取得天衣无缝的中文名“可口可乐”之后，在中国逐渐具有了更好的市场（“据记载，1948年，中国成为美国境外首个销量超过 100 箱的国家”)。从 1949 年起，由于历史与政治方面的原因，可口可乐在我国停止了它的销售。三十年后的 1979 年，“可口可乐”又重返我国市场，商品名还是沿用风行全球华人社会的“可口可乐”这个响亮的中文名字，但商品包装与其广告中一直沿用“Coca-Cola”英文商标，如下图：

图 6-1

当时代进入二十一世纪，世界经济发展趋于一体化的大背景下，全球有关商业的设计均积极追求国际化，努力达到国际标准之时，也是“中国已成为可口可乐在全球的第六大市场”的时期，美国可口可乐饮料公司（The Coca-Cola Company）于 2003 年，在我国市场改用了全新的“可口可乐”中文商标，如下图：

图 6-2

可口可乐的中文商标译本“可口可乐”，完美地兼顾了汉语作为表义性的语言、对于文字所传达的意义的重视。

“可口可乐”不仅把“可可”这种原料名称嵌入到商标名中，而且通过添加“口”和“乐”两个音节，完成了音节的延伸，形成了“可口”和“可乐”两个复合词，符合中国人对于双音节词的习惯性期待心理。同时还增加了“味道可口，喝了心情舒畅”这样的含义。这个商标的翻译可谓是音形义俱佳的一个典范。

在书写方式上，可口可乐英文商标是由飘逸的、富于变化的“斯宾塞字体”表现的，商标形象中简略的手写体字母，大小写比例安排恰当，字母线条的连接和穿插巧妙；具有粗细变化的自由曲线，流畅飘逸；整体字母形向右倾斜，再加之引人注目的、也是最具特征的左下方与右上方的波浪形飘带，使商标极具动感与现代感。由于标志整体形象简洁、醒目，使消费者易于辨识、阅读、记忆与转述。在可口可乐中文商标中，设计者并未被动地将中文“可口可乐”的字形完全按“斯宾塞字体”的弧线造型特征变形，而是保留了中文字特有的方块字形特点。笔画造型中的横竖线条，保留了中文黑体字方头方尾的基本特征。字形结构保持印刷体简洁规范的特点，使人易于辨认。当然为了使整体商标形象具有与英文商标较多的共性与相似性，中文商标中的字也设计成了与英文商标中字母同方向向右倾斜的造型；另外，将竖钩撇捺的末端形象，参照了“斯宾塞字体”线条收笔变细的形象；值得特别一提的是在中文商标中，将英文商标最具特征的上下两条波浪形飘带造型，巧妙地原样添加在中文商标之中，使中文商标具有了英文商标所具有的主要形象特征。

总之，中文商标和英文商标都充分考虑了全球的通用性，并且兼顾了目标地的文化、语言习惯，在英文的书写形式和字母造型的基础上，继承与应用我国特有的传统图案中优秀的艺术表现形式与手法，做到了借鉴和创新。

魏彩霞（1977：p33）认为：好的商标应该能够做到：（1）符合商品的特性（信息性）；（2）富有象征意义（做到意美）；（3）便于记忆（音美形美意美）；（4）朗朗上口（音美）。

我们从可口可乐在商品名和商标上的广告策略可以看出，在上述基础上，还要充分考虑到目标市场的文化特色，以及目标语言的容纳性。比如 Nike 在英语中本意是希腊胜利女神，这符合西方的文化心理和文化传统，这样的商标在英语使用者的消费环境中，传达的是“穿上此鞋可以迈向胜利”，但是该文化意象如果直接植入汉语的文化环境，就达不到这样的效果，因为汉语使用者对于希腊的众神意象是很模糊的。所以它的中文商标名译成“耐克”，字面的意思变成了“耐磨，有助于克服困难”，就符合了汉语使用者的消费心理。

同样，汉语的商标名要进入英语文化的市场环境，也要考虑这些特点。英语是注重音美的语言，如果采用以拼音为基础的音译，就一定要加以改造，因为汉语的拼音对于英语使用者来说，很多都不够简洁。如“白翎”，如果译成“Bailing”，就音节过长，读起来不优美，拼写也不美观。如果按照意译，译为“White Feather”，则不符合英语使用者的文化心理，因为在英语中有“show white feather”这样的习语，意为“投降，妥协”。所以可以考虑加以改造，成为“Balin”，保留了原来的读音，拼写也简化了很多。

总结来看，为了判断汉—英对应词能否作为商标，可以从音美、形美、字面意义、文化意义、宣传效果的角度加以对照，以确定适合进行音译、意译或者音义结合还是衍化加工的策略。

比较项	比较内容				
	音美	形美	字面意义	文化意义	宣传效果
海信	+	+	+	+	+
Haixin	–	–	–	–	–
Seatrust	–	–	+	+	–
Hisense	+	+	+	+	+

上面以海信电视为例，如果用拼音为基础进行音译，则音节过长，书写不美观，而且在英语文化中没有相对应的文化意义作为联想基础，缺少意美；如果以意译为基础，虽然能够获得好的意义，但是读起来和写起来不符合简洁、响亮的要求；在音译的基础上加以改造，“Hisense”保留了原来的读音，书写美观，同时能够让人联想到“High sense”，有积极的联想意义，符合意美的要求，因而有好的宣传效果。

6.1.2 广告文案

可口可乐在其百年的发展进程中，广告发挥了至关重要的作用，紧贴市场的广告策略为其建立最有价值的品牌地位功不可没。而作为广告核心内容的广告文案则是品牌定位的一种明确表达方式，通过各种传播媒介到达消费人群，一切有关市场的活动都应与其遥相呼应，相得益彰。我们从可口可乐广告文案的变化来回顾世界品牌的发展历程，特别是在中国市场的成功经验，对国内企业会有一定的借鉴意义。自可口可乐问世以来，它的广告内容就既具有历史延续性，也具有创新性。在美国本土，它的广告口号具有很强的时代同步性。

从 1886 年第一瓶可口可乐问世到美国本土第一家工厂的建立，可口可乐处于初级的发展阶段，需要更多的人去品尝，“请喝可口可乐”成为其活动的主题，甚至有一个时期，他们强调的是可口可乐的“药用”功能。如：

（英 130）The Ideal Brain Tonic

Specific for headache. Delightful summer and winter beverage. Relieves mental and physical exhaustion.（译文：理想的大脑利口酒。专治头疼。美味的夏日和冬日饮品。去除体力和脑力的疲惫。）

图 6–3

在其后的十几年里，虽然不时会有新的广告口号出现，但主要是从产品的功能层面去宣传：解渴、好味道、清凉、止头疼等。如：

（英 131）1886 年　Drink coca–cola

Delicious. Refreshing. Cures headache. Relieves exhaustion.（译文：请喝可口可乐。美味。解乏。治头疼。消解疲劳。）

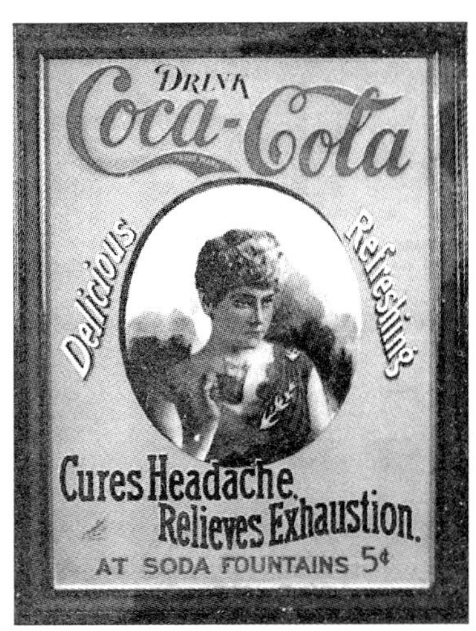

图 6-4

1904 年　Delicious and refreshing（译文：新鲜和美味——就是可口可乐）

图 6-5

1922 年　Thirst knows no season

（英 133）Thirst knows no season.Come ice. Come snow... It's always summer to your shine. So any time is right time to pause and refresh with ice-cold coca-cola. The best friend thirst ever had.（译文：口渴没有季节。冰雪来临。但是你的夏阳高照。所以任何时间都很合适品尝冰冷的可口可乐。口渴不需要其他。）

图 6–6

从二十年代开始，可口可乐开始突破季节性的特点，强调冬天也可以喝。

二十世纪二三十年代，随着可口可乐产品被更多的人接受和认知，广告语的宣传越发趋于感性，在功能性诉求的基础之上，增添了更多的内容和含义，如欢乐、友谊等等。如：

1927 年　Around the corner from everywhere（译文：

在任何一个角落）

1932 年　Ice cold sunshine（译文：太阳下的冰凉）

（英 134）Pause and refresh

A good place to park···and to pause···is where you see a familiar red sign that says "Drink Coca–Cola" . On streets and highways everywhere it flashes a welcome invitation to a sociable pause for pure refreshement.Thirst asks nothing more.

Cold... Ice Cold.（译文：只要你看到了熟悉的红色标志："请喝可乐"，那个地方就是停车、停顿的好地方。不管在街道上，还是在高速公路上，都会热情相约。一扫疲惫，饥渴。）

图 6–7

1938 年　The best friend thirst ever had.（译文：口渴不需其他。）

1939 年　Whoever you are，whatever you do，wherever you may be，when you think of refreshment，think of ice cold Coca-cola.（译文：无论何时何地，当你想到清凉，你会想起可口可乐。）

二次世界大战是可口可乐发展的一个重要时期，可口可乐成为美国人的首选饮料，并伴随着美国大兵的海外作战开始流向各地，为保障驻外部队供应开始在一些国家建立了装瓶厂。当时的历史背景在可口可乐的广告中也有体现。如：

（英 135）That extra something.（译文：特别的东西。）

广告中的大兵形象，暗示在战争期间。

图 6–8

二战结束后是美国经济高速发展的时期，也是可口可乐的快速成长期，美国在世界各地推行其民主思想和生活方式的同时，可口可乐和麦当劳等则成为美国文化的重要组成部分。可口可乐在世界各地建立工厂，参与重大体育赛事，进行多种形式的广告宣传和促销活动，可口可乐在知名度和各地市场的占有率得以大幅提升，品牌价值节节攀升。这个时期的广告语有：

1942 年　The only thing like coca-cola is coca-cola itself.（译文：只有可口可乐，才是可口可乐——永远只买最好的。）

1943 年　Global high sign.（译文：美国生活方式的世界性标志——可口可乐。）

1946 年　yes，yes

（英 136）Yes. Coca-Cola.

图 6-9

1948 年　Where there's coke，there is hospitality.（译

文：哪里好客，哪里就有可乐。）

1949 年　Coca–cola along the highway to anywhere（译文：可口可乐——沿着公路走四方。）

1952 年 What you want is coca–cola.

（英 137）Want something good ?

Of course you do. you'll love the delicious taste and wholesome refreshment of the ice–cold coca–cola.（译文：你想要的就是可口可乐。你想要好东西吗？当然你想。你会爱上冰凉的可口可乐带给你的美妙味道和放松的美好感觉。）

图 6–10

1956 年　Coca–Cola makes good thing taste better.（译文：可口可乐——使美好的事情更加美好。）

1957 年　Sign of good taste.（译文：好品位的象征。）

（英 138）You taste its quality.

Quality means wholesome goodness. And coca–cola is just that.Drink Coca–Cola.（你品尝的是它的品质。品质意味着完美，而可口可乐就是完美的化身。请喝可口可乐。）

图 6–11

1958 年　The cold, crisp taste of coca.（译文：清凉，轻松和可乐。）

1959 年　Be really refreshed.（译文：可口可乐的欢欣人生，真正的活力。）

1963 年　Thing go better with Coke.（译文：有可乐相伴，你会事事如意。）

（英 139）Biggest catch. Ice cold Coca−Cola.

The squeal of gulls.And to the coolest coke. Icy, edgy, thiry cutting... with a taste that just won't quit. Coke has the taste you never get tired of. That's why dry keeps get better. You will get a sturk−caster? Then do your own thing. With plenty of Coke...

Things go better with Coke.

图 6–12

1968 年　Water after water, drink after drink.（译文：一波又一波，一杯又一杯。）

1969 年　It's the real thing.（译文：这才是真正的，这才是地道货。）

（英 140）It's the real thing. Coke.

图 6–13

1975 年　Look up America, see what we've got.（译文：俯瞰美国，看我们得到什么。）

1978 年第一批可口可乐产品进入中国市场，八十年代第一家合资工厂的建立，当时的中国处于改革开放的初期，许多中国人还不习惯这种有‘中药味道’的饮料，并且价格偏高，可口可乐把市场的重点放在了几个主要城市，利用中国本土饮料渠道的优势，在夯实各项基础工作的同时，带来了全新的营销理念，在外来文化大举入侵的同时，可口可乐也以“贵族”的身份受到部分人的青睐。如：

1989 年　挡不住的感觉

You cann't beat the feeling.

其中“挡不住的感觉”是当时最为流行的广告口号，也表达了可口可乐要带给人们的一种精神层面的东西，实际上也代表着人们对西方文化的好奇和向往。

可口可乐在主要城市通过大量使用电视媒介、户外广告、冷饮设备等宣传手段，利用售点的生动化的管理方式，推动可口可乐在中国市场的高速发展。九十年代中期，可口可乐已初步完成主要城市的布点工作，各地的国内传统饮料受到沉重打击。

1993 年　永远是可口可乐

（英 141）Always，coca-cola.

图 6-14

1996 年亚特兰大（可口可乐总部）奥运会应是可口可

乐在中国市场最为辉煌的时刻。全国已有 23 家装瓶厂，可口可乐品牌成为最有价值品牌。产品经常供不应求，在中国市场每年保持 20% 以上的高速增长。这个时候可口可乐才真正找到品牌的核心内容 ALWAYS。既有传统和古典，又不乏激情与活力。

进入二十一世纪，可口可乐开始感觉到前所未有的竞争压力。随着国内饮料行业的逐步成熟，以非常可乐、旭日升、健力宝等为代表的国产饮料抢城掳池，提前占据了许多二三级市场；百事可乐从“新一代的选择”到“畅想无极限”，分刮了许多青少年消费对象；消费者消费多样性，使得可口可乐不得不改变市场策略。“每刻尽可乐”是基于当时的市场环境提出的。

（汉 131）1997 年　每刻尽可乐，可口可乐

图 6–15

“刻”体现在时间上，表达可口可乐紧跟时代步伐，以谢霆锋、张柏芝等当红歌星为代言，目标锁定在青少年一

代，以此达到抗衡百事可乐的目的。说明无论过去、现在和未来，永远是可口可乐。“尽”体现在空间上，一方面公司从碳酸饮料向全饮料公司转移，全方位的开发茶、果汁、水等产品。另一方面开发二三级城市，并开始拓展农村市场，价位越发趋于大众化、平民化。“可乐”沿承可口可乐的核心精神。

最近几年，可口可乐更是与时俱进，不失时机地寻找市场机会。开展网络营销、体育营销等方式吸引消费者的注意。同时根据一些事件设计的广告语也是值得称道的，如：

2000 年 可口可乐节日“倍”添欢乐

2001 年 活出真精彩

2002 年 激情无限——可口可乐

2002 年 团结就是力量

2003 年 尽情尽畅，永远是可口可乐

（汉 132）2004 年 要爽由自己，炫目个性秀

图 6–16

2006 年　每一个回家的方向都有可口可乐

从以上对于可口可乐在美国本土和中国市场所采取的广告文案策略的比较我们可以看出，可口可乐在国际市场的广告语主要是通过翻译的策略来实现的，但是在进入二十一世纪以来，它也开始充分考虑目标市场的文化环境、市场环境，并在此基础上进行策略的修改。

在关于文本的可译性问题上，Broeck&Lefevere（1979：p61-66）曾提出以下见解：

1）翻译的单位越大，可译性就越大；翻译的单位越小，可译性也就越小。

2）信息量越小，文本结构就越简单，可译性也就越大。反之亦然。

3）原文语言于目标语言的交往越多，可译性就越大。

4）如果原文文化与译文文化处于同一发展层面，可译性就越大。

5）在两种互不关联的语言之间，如果有 3）和 4）的情况，而且翻译的重点是二者的相似性，可译性就越大。

6）可译性还取决于目标语言的表达能力。翻译中某些文化色彩和文化性的细微差别可能会漏失，但可通过词汇和词法的变通处理得到补偿。

在可口可乐的个案中，我们可以发现，广告语作为翻译的基本单位，文本结构比较简单，保证了可译性；同时，在可口可乐公司确定了某时期内的广告基本策略之后，广告语主要体现该时代的核心广告内容，保证了信息量的稳定，也有益于信息通过翻译达到保真；同时随着美国文化和中国文化的交流增多，中国人能够较好地接受英语广告语中承载的美国价值观和文化内容，也保证了可译性。但同时我们也应该看到，随着中国市场在世界市场上的重要性增强，中国消费者的民族自豪感和民族自尊心得到了前所未有的强化，可口可乐公司也充分认识到了这一点，所以在二十一世纪以来，它们的广告就注重体现中国的文化特色和民族特征，比如对于“家”的强调，对于春节、中秋等中国传统节日的重视，对于有中国文化符号特征的“团结”概念的运用，对于奥运文化环境的顺应和渲染，都属于基于文本翻译的广告策略性调整和变通处理。

6.2 广告的再创造——玉兰油，Love the skin you're in

广告翻译是指对广告文本的翻译，是把特定的广告文本从一种语言转换成另一种语言，以达到使目标语使用国的受众接受广告及其产品的策略。很多广告都采取了这样的策略，如可口可乐公司在中国市场投放的广告，就是基于翻译基础上的策略调整；而雀巢的广告 The taste is great（味道好极了）则是直接通过翻译进入中国消费者的视野。

但是显然并非所有的广告都可以采取这种策略，有的广告在翻译的时候就需要考虑到可译性的问题。比如玉兰油的广告口号“Love the skin you're in”，在进入中国市场的时候，就有不同的广告策略。本节通过对该个案的研究，试图发现汉英广告在各自语言文化的背景中，都体现了什么样的特点。

下面的这两则广告是同一产品玉兰油彩带沐浴霜（Olay Radiance Ribbon Body Wash）在美国市场和中国市场投放时所做的广告。第一则广告来源于2007年6月份的Ladies' Home Journal，该期刊是以休闲娱乐为主的期刊，针对的是中产阶层的读者，尤其是女性读者，里面有大量关于时尚消费的信息。第二则广告来源于2008年9月份的《瑞丽时尚》，该期刊针对的读者群和信息量都和前者相似。所以从这两份期刊中所选取的广告有基本相似的目标消费群体，所采取的广告策略如下：

（英142）Olay body wash

标题：Wrap your skin in a more youthful glow.

文本：Turn on the lights on your skin—help bring back a more youthful glow. New Radiance Ribbons is the first body wash that's, of course, moisturing. But then, it has an added ribbon of moisturizer with light enhancers that gives you glorious, glowing skin.

广告语：Love the skin you're in.

（汉 133）玉兰油双层彩带沐浴霜

标题：滋润新奇迹 持续一整天

文本：新生般的丝润体验，由创新科技的玉兰油双层彩带沐浴霜为你实现，独特性双层乳霜结构，有别传统沐浴霜的作用方式，第一步先以白色乳霜的浓郁泡沫，为肌肤带来深层的洁净，第二步以粉红乳霜，让浓浓的滋润深入呵护肌肤。

清洁润肤，两步呵护新生般的丝润感受，就在你的肌肤上完美呈现。

广告语：深滋润，身丝润，玉兰油双层彩带沐浴霜。

从标题上看，英文版的广告是以第二人称的叙述视角，意为“把你的肌肤包裹在更青春的光彩中”，这里有两种理解，一可以理解为祈使句，号召消费者来“把你的肌肤包裹在更青春的光彩中”，二可以理解为省略句，（玉兰油这款沐浴霜）“把你的肌肤包裹在更青春的光彩中”。

而汉语版的广告标题和英文版完全不同，强调的是产品的“滋润”功能，这里的“滋润新奇迹”充分体现了汉语的信息压缩功能，因为它所要表达的意思是“滋润功能方面出现了新奇迹”，是一个省略句。而且和后面的“持续一整天”形成了对仗的形式。它采取的是第三人称的叙述视角。

两则广告都运用了大量的模糊性语言，比如英语版本中的 more youthful，但是后面并没有出现确定的比较对象，所以它既可能指的是和其他同类产品相比，"它给肌肤更多的青春光彩"，也可能指的是和你没有使用该产品之前相比，"它让肌肤变得更有青春光彩"。还有一些模糊描述语，如"glorious，glowing"都是理解起来模棱两可的修饰语，给消费者很大的想象空间。而汉语版本的广告中，也同样使用了很多模糊性语言，有模糊描述语，如"丝润、创新、浓郁、浓浓、深入、完美"，都是理解起来有很大弹性的修饰语；还有模糊限制语，如"第一步，第二步，两步"，看似很精确地限制语，但是因为该产品是直接使用在肌肤上，并没有"第一步和第二步"的步骤分别，所以这项功效是无从查证的，设计者是利用"第一步、第二步"这种精确语言带给消费者的直观联想，来表达其实抽象的概念。

从文本的修辞上来看，汉英两则广告都运用了多种修辞格，来增添文本的生动性。在英语广告中，"turn on the light on your skin"是运用了暗喻的修辞格，把沐浴霜比作灯，使用沐浴霜就好像把肌肤暴露在灯光下，强化了标题中所提到的"青春光彩"，还有"a ribbon of moisturizer"也是暗喻的修辞格，意为"滋润的彩带"，迎合产品的名称"Ribbon Rediance"；另外，"give you a glorious，glowing skin"，意为"为你带来美丽、有光彩的肌肤"，其中"glorioius glowing"是很明显的头韵的使用，突出了英语作为表音性的文字，注重音律感的特性。总的来看，英语广告中强调了标题中的"青春光彩"，整个文本的设计都是围绕“光彩”在进行创意，引导消费者联想到“灯光”、“彩带”等，使用的修辞手段体现了英语注重具象的特征。

在汉语广告文本中，比喻修辞格的使用也很生动：“新生般的丝润体验”有两处比喻，一是沐浴霜施用在皮肤上就像丝绸拂在皮肤上，二是沐浴霜会使肌肤呈现新生婴儿肌肤一样的娇嫩。另外“让浓浓的滋润深入呵护肌肤”是拟人修辞格的使用，使人对沐浴霜的润肤功能产生了积极的情感联想，不仅能得到清洁滋润的客观效果，还可以享受被照顾被重视的主观体验。广告语的“深滋润，身丝润”，采用了韵律的修辞，既有“身”和“深”的谐音双关，又有“滋润”和“丝润”的韵脚，体现了该则广告的音美特色。

汉语的广告文本还体现了汉语广告词汇创新使用的特点。如“丝润”、“浓郁泡沫”、“浓浓滋润”、“呵护感受”，这些都是不常见的词汇搭配，读来让人有耳目一新的感觉，体现了广告语言求新求异的特点。

玉兰油（OLAY）汉英语广告对于广告语的策略也体现了很大不同。英语广告中每一则广告的广告语都是一样的，体现了比较强的品牌形象同一感，是对消费者的忠告“Love the skin you're in”，同时“skin”和“in”还使这句广告语朗朗上口，富有韵律感；但是如果直译成汉语“爱你的肌肤”，这种韵律的美感就没有了，所以玉兰油的汉语广告在针对不同产品系列的时候，都设计了不同的广告语，体现了求新和突出产品系列功能的特点。比如这款沐浴霜的广告语是“深滋润，身丝润”，突出产品的滋润功效，而其他系列产品广告的广告语都富有变化，比如“爱肌肤，爱自己”，“肌肤与你，越变越美”，“专业美白3步曲”，“新生2X”，体现了较强的产品功能针对性。

从对玉兰油汉英广告的比较，我们可以看出，品牌在进行跨国商业操作时，如果可译性比较大的话，也就是如果从音美、形美、意美、文化接受度各方面都可以兼顾的话，可以采取翻译的广告策略。但是更多的时候，由于产品目标市场的文化环境、市场环境的限制，需要采取广告的再创作。这时既要考虑产品的功效信息传达，又要照顾到目标市场用语习惯，还要考虑品牌的国际形象，真正好的案例是“国际化”和“本土化”的完美结合。

第七章　汉英广告语言对比的语用功能讨论

我们进行中西文化对比的时候，要反对民族中心主义的一元文化论，即从自己的民族或者种族的文化背景出发，以自身的标准衡量和判断源于其他文化条件下的人。民族中心主义的主要表现有：

（1）自我本位意识。把自身文化中所发生的事件看做是“自然的”、“正确的”、不能理解为什么其他文化条件下所发生的事件和自己的观点不一致。

（2）认为自身的文化习俗和行为规范是唯一正确的，或者普遍适用的，把研究者自己的标准强加给被研究的文化。

（3）自我优越意识。执着地相信自己群体的文化遗产，如历史、价值观、语言、风俗、艺术等，优越于其他群体。

（4）把自己群体的信念和标准投射给其他弱势群体，认为这些群体应该具有同自身一样的信念和规范。（杨元刚，2005：p163）

因此，我们在汉英文化对比的背景下进行的广告语言对比，目的是要建设社会主义市场经济的新广告文化，一方面不能抛弃传统，因为传统文化是现代化的基础；同时要把中国文化置于世界文化的背景中，排除传统文化心理中重道轻器、贵义贱利、厚古薄今、厚己薄彼的僵化思维模式，以解放思想、实事求是的马克思主义原则做指导，坚持洋为中用、古为今用、去粗取精、融会贯通、推陈出新的科学文化观，对汉英文化系统的组成成分和结构形式进行科学的分析、审慎的筛选、辩证的考究，以发展具有全球意识和天人合一的民族特色、兼顾中国传统文化和西方科学制度文明的有时代特色的广告文化。

7.1　广告语言的语用认知功能

语言有信息功能、表情功能、劝说功能和社交功能等 4 种功能（侯维瑞，p185–188）。信息功能指对信息的传递，重点在于传递信息的文本，其语言应当精确、清晰、客观，不求文字华美，不掺个人感情。表情功能指对情绪或者情感的表达和抒发。劝说功能指通过话语鼓动受话者赞同或者反对某一观点或事物。社交功能多见于交际或者应酬。

而广告语言的功能包括：1）在有限的篇幅和时间内引起受众的注意；2）引起受众对广告内容的注意；3）引起受众对广告内容的共鸣；4）促动受众采取购买行动。（同上，p222）对比广告语言的功能和语言的普适性功能，我们不难发现其在功能方面的特殊性：其劝说功能要明显大于其他功能。而为了达到劝说的功能，广告语言必须体现审美愉悦、时代同步、信息压缩和文化承载的功能。其关系如下图：

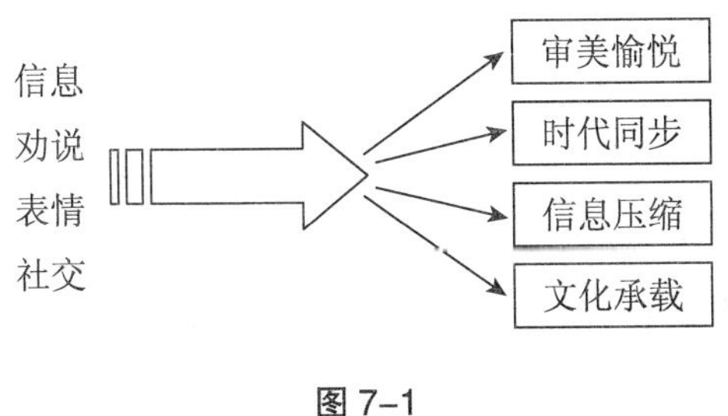

图 7–1

7.1.1　审美愉悦功能

文字本身是具有象形美的，也就是说作为语言符号的词汇具有视觉的审美愉悦功能。我国著名诗人闻一多先生说：作诗要讲究绘画美、音乐美、建筑美。这里的绘画美指形式本身也有一定的表意功能，它和韵律、内容一起构成一个美的有机整体。

在广告语言的创新运用中，对于审美的考虑是很重要的。

首先，广告语言在词汇创新的时候对于音的创新体现了语音审美的特性。语言是由句子、词组、词、语素、音位等构成的。音位是构成这些语言要素的最小单位，它本身没有独立的意义，在语言中只用来组成语素来区别和体现意义。但是在广告创作中，广告设计者通过考虑音位的选择和思想内容表达的有机联系，巧妙地排列和组合音位，可以使广告产生强烈的艺术感染力。这样单个音位或者单个音节（书面形式为字母或字母组合，或者汉字）就具有了审美特征，强化了语言的直观性、生动性、音乐感和形象性，引起读者对于某些事物的联想。

语音审美在汉语广告中表现为同字叠用。因为拟声词多是叠音词，是模拟自然界的自然声音构成的，和意义之间有明晰的对应关系，理解和接受起来容易，容易让人产生贴近自然的积极联想。而对于非拟声词叠用，可以利用人们对于某些单音节字的固定联想（通常是积极的），通过反复该字音，延长人们对于其意义和声响的积极印象。而在英语广告中表现为音节的重复成韵。乌尔曼（1962）提出过语音联觉（synesthetic sound symbolism），它指某些音或者音组虽不能完整表示整个词语的明确语义，但是能部分地模拟所指或相关的事物，使听话人联想到某一种意义。如英语音素 /ei/ 是双元音，发音时气流和声响有绵延的感觉，于是人们在下面的广告中利用该音节的反复出现来营造庄重、优质的联想。

（英 143）Again. Again. And Again.

Auto. 8（奥迪 A8）

从文中对于众多广告语的分析，我们可以总结出广告语的语音特点。1. 听觉效应：音律和谐，富有节奏感，用韵、叠音、拟声的应用，使广告极富音乐美；2. 情感效应：细韵切切，宏韵锵锵，柔韵微微，使广告语和感情色彩和谐统一；3. 修辞效应：通过对音的创新，可以构建双关、头韵等修辞手段。

其次，广告语言在进行文案创作的时候还通过语言的形象美来增加广告的吸引力。汉语广告得益于汉语文字本身的象形美，很多字写出来或者组合在一起就给人以很强的美感。

英语中有一则很著名的公益广告：

（英 125）Better late than the late.（译文：晚点总比丧生好。）

该广告悬挂在美国高速公路的入口处。这句话是脱胎于英语习语“Better late than never.”（译文：迟到总比不到好。）这句话就具有很强的对称美。

另外词汇排列的特殊形式会引起读者特定的视觉想象，从而和文字的内容相互映衬。例如，飞利浦的一则彩色电视广告是这样的：

（英 144）

You	haven't
Seen	tennis
On	television
Until	you've
Seen	it
On	a
Philip 41"	screen.

这里的广告信息被有意排成了两排，读者阅读的时候必须视线跳来跳去，就像打网球一样，暗合了广告中说的“在飞利浦41寸的屏幕上看的网球比赛才算网球比赛”。这里的形式是为了内容服务的，读者通过形式能够更好的领会内容，反过来通过内容也可以更好地欣赏形式的匠心独具。假如把这种排列形式取消，换成“you haven't seen tennis on television until you've seen it on a philip 41" screen.”则原文所包含的审美情趣就随之荡然无存。

所以，我们看到，文字的形式也会有特定的语用含义。当然这里的语用含义是基于广告设计者和读者双方所共享的文化语境，否则审美的效果就无法传达了。

7.1.2 时代同步功能

语言是要与时俱进的，唯此才能彰显语言描写和表达客观世界的基本功能。广告语言尤需如此。因为广告是时代的缩影，它体现着时代的脉动，同时又以自己独特的形式影响着它所处的时代，这点我们已经从对中西广告发展简史的对比中，以及在对可口可乐历年广告语的个案分析中略见一斑。

单就中国的广告领域而言，从改革开放广告事业全面恢复到现在已经有 30 年时间了，中国的社会、经济、政治、文化、教育、科技等各方面都发生了很大的变化。真是这许多的变化，影响并促进着汉语广告语言的状况。

从经济发展上来看，1978 年 12 月十一届三中全会的召开，提出了把工作重点转移到经济建设上来，同时开始实施改革开放政策。从 1979 年设立经济特区、1984 年有计划的商品经济提出，到 1988 年提出“科学技术是第一生产力”、1992 年确立社会主义市场经济体制改革目标、到 2005 年加入 WTO 组织，中国经济和世界市场接轨。这 30 年来，中国的经济生活实现了很大的飞跃，商品经济的重要性日益凸显，人们的生活水平也有了质的飞跃。从 1978 年到 2008 年，中国国内生产总值从 3645 亿元增长到 30 万亿元，中国的消费市场出现了蒸蒸日上的态势。再加上国家为了拉动内需，出台了各种有利的经济政策，进一步从政策上保障和促进了市场经济的繁荣发展。在这样的经济背景下，人们有足够的能力支付更多更优质的产品和服务消费。广告作为商品信息的重要载体，越来越受到人们的重视。

从信息传播的渠道来看，电视的普及从城市到乡村的千家万户；报业打破了原来的垄断，走向了市场化，开始了行业细分、领域细化；网络作为新的媒体形式，在呈几何数增长的网民生活中占据越来越重要的地位；手机的普及带动了相关通讯产业的发展。广告形式也随着科技的进步日新月异，选择日益丰富，出现了二维、三维，甚至四维的广告媒体形式。很多以前“想得到，做不到”的广告创意，现在通过高科技的方式得以完成。

从信息传播的速度来看，广播电视、网络、手机等进入普通人生活，世界变成了“地球村”，地域的距离已经不是人们信息交流的障碍。发生在地球一隅的事件瞬间就可以被全世界的人们所了解。技术条件的成熟使人们对于时代的脉动把握得前所未有地精准。广告要满足人们对于最新、最刺激信息的需求，就必须把自己置于时代的最前列。

在文化思想领域，自从十一届三中全会的中央工作会议上，邓小平做了“解放思想，实事求是，团结一致向前看”的报告，思想和文化上得到了极大的解放，林彪、“四人帮”时代的思想僵化状态被打破，八十年代出现了反思的热潮，九十年代以向西方学习为时尚，文化界出现了启蒙主义、人道主义、后现代主义、消费主义等等的种类繁多的思潮和文化形式。这对中国传统的叙事方式、语言策略、审美形态、修辞倾向等都产生了强烈的冲击。人们思想变得更加开放，对待新事物新思想的态度更加宽容，对于张扬个性和自我意识更加地崇尚。网络语言的盛行又更新了人们传统的表达方式和交际习惯。

社会的进步、经济的发展、思想的活跃也给创新思维的开发提供了新的机遇和条件。这也反映在广告语言的创新上，新词新义、新颖独特的表达方式不断涌现。而人们生活节奏加快，各种渠道的信息鱼龙混杂，使得广告语言表达的经济性和信息量重要性凸显。生动的语言表达更容易引起人们的注意，从而取得更好的商品效应，因此传统的和创新的各种修辞手段深受青睐。

社会心理出现多样化，价值追求多元化、个性化，商品的专业程度更高，人们的认识水平、受教育程度更高，语言水平和理解接受能力自然水涨船高。异国文化元素和外语词在广告中的出现，已不仅仅针对小众。

总的说来，二十一世纪以来，汉英文广告发展在各自的文化发展背景下，都体现着它所处时代的特色，具有强烈的时代同步功能。如物质贫乏的时代，人们关注的产品信息在广告中就是“量大价优”，或者“实行三包，代办托运”；而在物质丰富、人们开始关注个性的时代，广告就出现：从商品推崇到心灵抚慰的目的转移、从趋同走向个性的价值转移、从言语变异到言语还原的修辞转移和叙述视角从企业本位到消费者本位的转移。

7.1.3　信息压缩功能

广告语言除了审美愉悦功能和时代同步功能，还有信息压缩功能。所谓信息压缩功能，就是指在特定的语境中，同样的语符能同时传达两套或以上的信息，达到信息最大化。一套明码信息是由语句文字的全部语言字符承载，另一套暗码信息则由语句文字的部分语言字符负载。两套信息本应由两组语言字符传播，但是通过设计者的巧妙构思，可以利用两组语言字符在构造上的相似性、或者一套语符包容了另一套语言字符中的关键字眼，在说话者受到特定语境限制而不便自由表达思想的时候、或者为了达到某种特殊的修辞效果的时候，一套语言字符就可以同时传递两条或以上的信息。当然，这种信息压缩功能的得以实现建立在交际双方对语言字符的充分了解和背景知识的共享之上。

比如英国一家著名的女性内衣公司曾经在2000年请网坛美女库尔尼科娃为其减震内衣做过一则电视广告，库娃身穿白色运动衣在打网球，广告词是：“Only the balls should bounce.”这是一个典型的语义双关例子，里面压缩了明示和暗示的双重信息。明示的信息是画面信息和字面信息：这里的balls指的是网球，广告词可以理解为：但愿网球在球场上腾跃。暗示的信息是文化信息和语境信息，因为balls在英文文化中还是乳房的委婉语，但是在公众场合直接谈论女性胸部不容易让人接受，所以广告设计者利用balls的多重语义，加上库娃的曼妙身材以及广告的产品这一特殊语境，暗示广告词的另一重含义：但愿库娃的酥胸在运动中波动。但是广告中库娃的动作表明她的胸部很坚实，并没有抖动，说明了减震文胸的功效确实好。

语言字符的音、形、义都可以起到承载多重信息的功能。比如汉语广告有很多广告文案都应用书法体，让人感觉到历史文化的厚重感，以增加对产品品质的积极联想；而很多儿童产品的广告文案书写成童体字，让人感觉到天真烂漫、纯洁可爱的信息，从而产生对于产品的好感。如 Virginia Slim 香烟的广告标语就经常印成童体字，可以有效消除人们对于香烟这种有害健康的产品的距离感。这都是出于同样的信息压缩功能的考虑。

总之，广告创作者经常会借助词语的多义性、语境的模糊性，把想要传递的信息隐藏在双重情景语境中，一方面节省笔墨，一方面制造特殊的修辞效果。这其实是一种高语境交际（high-context communication），如果交际双方共享语境背景知识，也就是语篇外的文化音素，读者就可以根据语境推导出话语的“弦外之音”，解读出语篇承载的明示和暗示的两套信息码，这样的情景语境就可以负载很大的语用信息。这就是广告语言的信息压缩功能。这同样是符合广告语言对于经济、简洁、美感的追求。

7.1.4　文化承载功能

广告语言的审美愉悦功能、时代同步功能和信息压缩功能，归根结底，都是依存于语言的文化承载功能。

海德格尔说过："语言是人类的家园。"先民看待世界的方式、表现世界的意识都体现在语言文字当中。如文化学家马林诺夫斯基所说的："人类基本的和衍生的需要，是为有机体的作用和影响生理历程的文化所造成的。"作为文化构成因素的广告语言同样是反映现实的一种手段。广告通过包孕和融渗在其自身中的文化传统、规范、符号等信息来调节人们的活动或发挥社会效用，以最终获得全社会的接受和认同。也就是说，广告本身所容纳的有关社会的价值体系和规范体系对人们精神世界有着巨大的浸染，是社会文化的反映。因此，广告语言无可避免地承担着传承文化的功能。

1. 传承传统文化

很多广告都有承载传统文化的特征。比如春节、中秋节、端午节等是汉民族传统的重要节日，很多广告在临近节日的时段都会设计有浓郁汉民族文化特色的广告文案，如：

（汉 134）花开富贵，鸿运连年，好戏连连，伴你岁岁又年年（新加坡娱家戏剧台）

这是为了配合 2005 年春节的到来，新加坡娱家戏剧台拍摄的以女性为主体、具有中国视觉特点的广告，其文案"花开富贵、鸿运连年"也是有中国特色的吉祥祝福，配合有中国文化特点的窗花、风筝、刺绣等视觉元素，给人浓浓的“中国味”。

而英语广告也重视对于历史、传统的承继。比如：

（英 145）Born in 1820…still going strong！（苏格兰威士忌）（译文：生于 1820……依然如昔！）

（英 146）Born where a king of France was born.（法国白兰地）（译文：生于法国国王出生的地方。）

2. 体现时代理想和爱国信念

随着中国在世界上的声誉和威望越来越高，在政治和经济领域内的话语权越来越多，中国的民族自尊心和自豪感得到了前所未有的高涨，这也体现在汉语广告之中。尤其是 2008 年北京承办第 29 届奥林匹克运动会这一盛事，在当时的广告文案中大多通过和这一事件的关联，传达了中国人积极乐观，热情好客、自信开放的当代特征。如：

（汉 135）胜利的羽翼带来燃亮的惊喜

穿越世纪烟云，奥运回归最初的梦想。世界级的盛宴当由世界共享！当亚细亚与欧罗巴顺利会合，东方巨龙的矫健身影再次令世人惊艳，当胜利女神尼雅的翅膀掠过，我们为中国健儿的一次次夺冠欢呼呐喊！拥抱世界，祝福中国！（《羊城晚报》）

而英语广告也经常用“爱国”的理念来吸引消费者的积极心理反应：

（英 147）Fly the planes that fly the U.S. flag.（美国航空公司）（译文：请乘坐有美国国旗的飞机。）

（英 148）Save the face of the nation.（护肤品广告）（译文：爱护国人的面子。）

（英 149）The support of a nation.（袜带广告）（译文：全民支持。）

3. 体现和谐温馨的情感

（汉 136）精丝秀发，缘系百年。"百年润发"洗发露。（重庆奥妮）

在中国，婚姻讲究的是和谐美满，百年好合。"百年润发"洗发露以"情"为创意的出发点，对夫妻间青丝白发、相好百年、永结同心的忠贞爱情加以礼赞，以借古抒情的手法，别具匠心地赋予了"百年润发"以中华民族文化下的美好联想。

（汉 137）情感点亮生活。（江苏卫视）

左邻右舍"阡陌交错，鸡犬相闻"一直是中国传统邻里关系的特色。但是随着社会的发展，城市的高楼大厦一栋接着一栋拔地而起，家家闭门独户，邻里之间大都是"各人自扫门前雪，莫管他人瓦上霜"的情形，这让许多盼望挣脱钢筋水泥高楼大厦的樊笼的现代人唏嘘不已。江苏卫视就及时抓住了人们的这种心理，推出表现都市人、水乡人，包括外国人之间情感沟通的广告画面和“情感点亮生活”的广告语，电视画面中用流动的雾象征人与人之间的情感，而情感的流动带来美好的生活。广告语格调高雅，令人回味，使“和谐生活”的概念深入人心。

（汉 138）酒逢知己。“有些人你只和他一杯到底，有些人却是一辈子到底。”（海尼根啤酒）

在中国，有一句话叫做“酒逢知己千杯少”，以酒会友，是中国人的传统。酒是越老越陈，越陈越醇，越醇越香。朋友亦是一样。上例是海尼根啤酒在中国市场做的广告之一。海尼根深谙市场策划之道，在拓展中国市场时，特意推出这则以友情为诉求点的广告，适应了中国的文化背景，准确地诠释了中国人的择友心态。

英语广告也重视打“情感牌”，比如我们在第六章中分析过的可口可乐的很多广告都以“情感诉求”为他们设计的主线。

体现年轻个性

现代社会，在北京、上海、西安、深圳、广州这些城市文化活跃的中心地带，总会有这么一群年轻人，他们喜欢追求时尚，勇于标榜个性，热衷于新鲜事物，被称为“新新人类”。有一部分广告就是专门为他们而设的。

（汉 139）我的地盘我做主（中国移动动感地带）

（汉 140）我要我的味道（伊利优酸乳）

（汉 141）我有我的一套（bossini）

（汉 142）把精彩留给自己（李宁系列）

这些广告语简单而直接地迎合了这群年轻消费者的心理，同时也使这种服饰成为年轻人文化的一种象征，使厂家的每一件产品所代表的时尚意念都隐含着对人与文化的双重认同。还有一种“新人类”则被称为“小资”，他们的风格则是“时尚”和“优雅”。

而英语广告也很注重个性，这源自于英语文化对自我的关注。比如：

（英 150）Express your individuality.（首饰）（译文：表现你的个性。）

（英 151）Dare for More.（百事可乐）（译文：突破渴望。）

Dare to Be No.1.（百事可乐）（译文：敢于第一。）

（英 152）To me, the past is black and white, but the future is always color.（轩尼诗酒）（译文：对我而言，过去平淡无奇；而未来，却是绚烂缤纷。）

体现企业文化

在现代工业社会，每一个企业都会有其独特的企业文化，但是，不管是什么类型的企业，“对顾客有爱心”无疑都是企业文化中最重要的一点。而消费者对广告的审美要求中有一条基本原则，即希望广告对消费者体贴入微，为消费者设想周全。因此，许多企业在做广告时会真诚地把对消费者的尊重放在首位，让顾客在舒心的微笑中接受企业及其产品。

（汉 143）我们把时间放在您那一边（美国特快专递公司）

（汉 144）您的感受，我知道（美的“随身感”空调）

（英 153）We take the nut very seriously.（食品广告）（译文：我们认真对待我们的坚果产品。）

（英 154）Dear to your heart but not to your purse.（薄荷糖广告）（译文：只赚您的心，不赚您的钱。）

上述各例无一不体现着企业对顾客无微不至的关怀和体贴。

从另一个方面来看，广告语言的这种文化承载功能具有文化选择性。

1. 对于整体和个人的关注度不同。

长久以来，中国人一直信奉天、地、人合一的一元论。老子说：“人法地，地法天，天法道，道法自然。”已经影响中国数千年之久的儒家思想也认为：个人命运总是和家族的命运息息相关，而民族或者国家的地位总是相对于某个个人的地位要高。对中国人来说，把自己的个人利益与他人及集体的利益统一起来是一种美德。所以，中国的广告会更多地强调他人、集体和国家的利益。如：

（汉 145）大家好，才是真的好（好迪洗发露）

（汉 146）真情付出，心灵交汇（雕牌牙膏）

（汉 122）鄂尔多斯，温暖全世界（鄂尔多斯羊绒）

在中国的广告之中，他人或整体的利益被放在显著的位置，父母亲的关爱，夫妻之间的情爱，以及对儿童的疼爱———这些感情将会唤起听（观）众的积极回应而且开始对该品牌的产品建立良好的印象。这些广告的语言体现了中国的隐蔽文化———关注整体利益。

虽然随着全球化风潮的日益涨进，汉语广告也开始注重对于自我和个性的表达，但在表现形式和涵盖范围上还是有别于英语广告。张扬个性的汉语广告多集中于一些针对年轻人的产品上，如上文我们分析过的年轻人服饰品牌和一些运动品牌；在表现形式上，主要突出个人对于集体的重要性，如麦当劳的广告语虽然是：

（汉 147 英 155）我就喜欢。（I'm lovin it.）

貌似强调对个人喜好的重视，但是在选择广告策略的时候，拍摄的广告片还是注重渲染和同伴一起、和家人一起等场景，这就是为了迎合汉语文化习惯而做的市场策略调整。还有我们分析过的玉兰油的广告，在进入中国市场的时候，也做了相应的调整，比如把第二人称的叙述视角，转换成第三人称，这样就可以涵盖更大范围的消费者指向，适应中国的消费者习惯把自己置于群体当中的思维倾向。

而在英语社会中，从资本主义的初期开始，个人主义就在反对封建制度中扮演着重要的角色，同时对资本主义社会的发展起了非常大的作用。因此，个人主义被当作一种美德被传承下来，并得到西方人推崇。隐私和自由权利成为社会道德规范的重要组成部分，所以英语广告更多地关注个体。例如：

（英 156）Suzuki Conquers Boredom: Life has always been what you make it. Excitement or just routine. And the line between freedom and feeling trapped can be as simple as two wheels. Something like getting on a Suzuki and breaking away.（Suzuki Car 铃木汽车）（译文：铃木使生活永不乏味：生活需要你的选择——选择激动人心还是一成不变。自由和禁锢间的界限也许就是两个车轮那么宽，简单地就像踏入铃木车，远离尘嚣。）

（英 157）Next 90days can change your life.（《华尔街周刊》）（译文：接下来的 90 天将改变您的生活。）

（英 158）Lufthansa:Our personal service will appeal to your individual taste.（Lufthansa Airline）（译文：我们个人化的服务会满足您的不同需求。）

上述各例都体现了英语的隐蔽文化——重视个人。

80% 以上的英语广告都采用第二人称的叙述视角，直接把消费者放置在对话的语境中，让消费者有唯我独尊的感觉，这也符合英语文化重视个人的思维倾向。

2. 对于权威和自我感受的关注度不同。

中国的广告有一个突出的特点就是证书和荣誉在广告中一个接一个被列举出来。一旦产品的质量得到政府或者权威机构的赞许，那么其所获得认证和荣誉等非质量要素就会被放在广告之中的显著位置。

（汉 148）中华医学会联合推荐（高露洁牙膏）

（汉 149）率先通过 ISO9002 国际质量认证体系（麒麟床垫）

这也反映了已经存在于中国人的传统观念中长达数千年的隐蔽文化——对权威的崇拜。随着社会的发展，封建制度下对官方头衔的崇拜已经被社会主义制度下对权威的崇拜所代替。当这种崇拜与现代市场经济相结合时，一些由政府或权威技术部门所颁发的各种证书和荣誉将产生极大的市场效应。

在英语广告中，对权威的推崇就很罕见，他们甚至有时候会用调侃的语气来提及权威，如：

（英 159）Make your house a White House.（油漆）（译文：把您的房子变成白宫。）

我们知道，美国白宫是总统办公和生活的地方，类似我们的中南海，是一个象征着国家权威和政府威信的地方。但是美国广告就敢于戏谑地夸口“我们的油漆可以把您的房子变成白宫”，这在中国这样推崇权威的国度是难以想象的。

英语广告更多关注的是个体的自我体验和感受。例如：

（英 160）Give her more than a moment pleasure，give her a lifetime happiness.（珠宝）（译文：不光给她片刻愉悦，给她一生快乐。）

（英 161）The service to your standard. When you are used to having it all. The sea，from your room. The city，at your feet. The garden，in your midst.（Bay view Hotel，海湾酒店）（译文：完全符合您的标准的服务，你会习惯拥有这一切：海在您的窗前；城市在您脚下；花园在您身边。）

这些广告都体现了西方的隐蔽文化基础———注重自我感受。美国人并不那么崇拜权威，对事物优劣的判断往往依赖于他们自己的感觉。他们相信他们自己对事物的认知，不愿意盲目地附和权威的认可。讲求实际的精神在他们的广告中得到充分的体现，广告语言会提示消费者，如果拥有该产品就可以提高社会地位，实现自我价值。

7.2 广告语言对比体现的文化独特性和文化交融性

广告的世界是人类社会的缩影和折射，广告世界的秩序和原则体现着人类社会的秩序和原则。在这样多元并存百家争鸣的世界格局中，中西广告语言文化也体现着鲜明的文化独特性和文化交融性。

7.2.1 广告语言的文化独特性

文化独特性是一种文化之所以成为文化的基础。西方文化和中华文化都有过自己一段独立的互不相交的发展史。在两种文化真正融汇交流之前，它们已各自形成了自己独特的行为系统，独特的价值观念。这些差异在时间维度上，绵延在中西文明的历史长河中；在空间维度上，弥散于生活的各个角落。但是从语言和思维的角度来看，主要集中在如下几个方面。

首先在对待人和自然的关系方面。汉文化重视人和自然的和谐相处，讲究“天人和合”。中国古代哲学中占主导地位的是以《周易》为代表的天人协调说。《周易》认为：有天地，然后有万物；有万物，然后有男女；有男女，然后有夫妇。这就肯定了人是自然界的产物，是自然界的一部分。这种天人合一的思想主要包括四个方面：即人是自然界的一部分，是自然系统不可缺少的要素之一；自然界有普遍的规律，人也要服从这普遍规律；人性即天道，道德原则和自然界规律是一致的；人生的理想就是天人的协调。这体现在广告语言创新上，表现为多利用已有汉字对习语进行谐音替换、多同字重复、叠音重复、保持字形稳定性的基础上利用笔画出新。句式貌似松散，实则以神统形，强调意会性。在修辞上，表现为讲求韵律，对仗工整，强调写意和神似。而西方文化强调征服自然、战胜自然，这可以追溯到《圣经》，其内容包含三个层次的内容，即人是站在自然之外的，有统治自然的权力；人与自然是敌对的；人要在征服自然的艰苦斗争中才能求得生存。这体现在广告语言创新上，就表现为多词形创新、多词性延展、少同字重复等。句式结构严整，秩序井然。在修辞选择上，多倾向于新、奇、美，强调写实和具象。体现了汉文化重和谐重稳定，西方文化重超越重革新的文化独特性。

其次在对待人和人的关系方面。汉文化以家庭为本，注意个人的职责与义务。这似乎源于“大陆文化”长期的连续性和稳定性。中国文化的主干是儒学定于一尊而又兼容释道的文化，而它的基本内核就是强调“仁”，强调个人之于集体、家国的“义”，强调权威，重视伦理关系，如君君臣臣，父慈子孝、兄友弟悌、夫唱妇随之类。而西方文化以个人为本，注重个人的自由与权利。这似乎源于西方文明的两大源头：基督教信仰和罗马文明。前者把上帝作为价值和秩序的来源，重视人类的自然德行，轻视财富、艺术和家庭生活，蔑视和否定世俗的快乐，对政治持冷淡主义；而后者强调民主，尚知崇理，认为至善在于“作为一个自然存在的人的完善”，把理智、哲学的沉思强调为最高的德性。这体现在广告语言上，就是汉语广告多把他人或整体的利益放在显著的位置，父母亲的关爱，夫妻之间的情爱，以及对儿童的疼爱——这些感情将会唤起听（观）众的积极回应而且开始对该品牌的产品建立良好的印象。而英语广告多采用第二人称的叙述视角，直接把消费者放置在对话的语境中，让消费者有唯我独尊的感觉，体现了英语文化重视个人的思维倾向。另外汉语广告多强调权威认证，而英语广告多强调个体体验，分别折射了中西文化在对待人和人关系上的独特性。

中西文化独特性是汉语广告和英语广告创作和发展的源泉。尤其是汉语广告，虽然起步较晚，历经坎坷，但是中国文明和汉语文化始终是广告创作者取之不尽用之不竭的创意之源。如上海师范大学人文与传播学院副院长、博导金定海表示，中国汉字的发展、变化以及每个汉字所具有的其他语言文字无法比拟的功能性，使汉字为中国广告业屹立世界广告界起到了重要作用。从欧洲越来越多的出现印有中国汉字的服装，到北京奥运的标志图案，都能看到中国元素的本源来自于中国文字。他认为，中国的广告者，在进行具有中国元素的创意时，一定要把中国文字作为一个基本元素来研究。

这些年随着中国力量的崛起，越来越多的西方广告创作者也注意到了中国元素的魅力。如在第十三届中国广告节上，美国职业设计师联盟主席、纽约广告节董事长 James

Msmyth 所言，中国的广告创意作品在参加纽约广告节的评选中，有 29 个作品获得奖项，并且这些作品都是具有很强中国元素的作品，可以看到中国元素不但被评委们接受，也在很大程度上影响着世界广告创意的发展。

7.2.2　广告语言的文化交融性

汉英文化多有不同，但都是动态的系统，是一个不断创造和发展的过程。成功的广告文案都是既重视自我文化传承，又关注世界文明发展，做到个性张扬、又不失分寸，既能得到国人的认同，也能被异族文化接受和领会。这就体现了广告语言需要具备的另一个特征：文化交融性。

文化交融性就是在保持自己独立文化特性的基础上，注重吸收和借鉴他族的文化特点，做到自身的壮大和丰富。这体现在广告领域，就是国际广告本土化和本土广告国际化。在本文的讨论中，我们形成了以下的观点：

首先，在广告词汇创新上，汉语广告和英语广告都出现了借用外语词的现象，但是因为汉语意合型语言的表意文字与英语形态型语言的表音文字有较大差异，汉语广告主要通过各种形式的语音转写、语形转写和语义转写，吸收符合汉语习惯的外来成分，并且出现了“英汉语双关”的独特语言现象，体现了汉语“见字生义”的语言特点。英语广告对于相似语源的其他语言外来成分表现了较大的开放度，能够做到全盘保留。

其次，在句式特点上，虽然意合结构是汉语的典型特点，但英语广告为了文字简洁，也出现了很多省略连接词，使用意合连接手段的现象。在使用模糊修饰语时，英语广告应用大量的复合修饰语，出现了修饰语前置的现象，而这本来是汉语表达的典型特征，但因为和人类思维过程相合，在传递信息的时候能更容易被解读。

另外，汉语广告和英语广告都出现了相互借用文化意象的现象。如汉语广告中借用“情人节”、“母亲节”、“胜利女神像”等西方文化意象，而英语广告中也可见到“长城”、“中国结”、“筷子”等有典型中国文化特色的意象。

二十一世纪是一个文化交融的世纪，各种思想和文化风云际会激荡，形成多元和争鸣的双向交流格局：一面是世界文化多元化，一种文化在加入全球化走向世界的过程中，首先必须肯定自己的文化独特性，强调自己的优势，因为在不同特定环境下成长起来的各种文化，包含了人类在不同情况下应对自然和社会的对策积累，是人类应该珍重的丰富文化资源，所以中国和英语世界的文化在借鉴、吸收外来文化的同时仍要保持独特的民族地域特色，骄傲地走向世界，为人类文明贡献健康的文化基因；另一方面，是多元文化世界化，各种文明以开放的胸襟、平等的态度对待外来文化，取人之长、补己之短，未来的世界文化一定是科学主义和人文主义、工具理性和价值理性的统一，也就是东西方文化精神的交融和折射后产生的世界共同文明。

第八章　结语

8.1　本文研究的主要内容和结论

越来越多的语言研究者意识到广告语言在语言应用领域的重要性，借用于根元先生说过的几句话："广告语言研究是应用语言学研究的重要部分，广告语言也是语言的广告，广告语言不仅是在为商品做广告，同时也是为语言做广告；广告研究有助于语言全貌的认识；研究广告语言可以让研究者把自己培养得更全面。"（于根元，《中国现代应用语言学史纲》，2005：p357–358）

广告文案作为一种十分特殊的文体，是广告创意的直接体现，既要体现应用文的语言特征，又要体现设计者和消费者在进行语篇交际时对信息和效果的各自诉求，因此，广告语言的好坏直接影响着广告的商业效果和社会效果。

通过对汉英广告语言在词法、句法、修辞、文化蕴含和发展方向等方面的综析，我们看到，有些语言特点在各种语言中都有所体现，这是语言共性的部分。对共性部分进行研究分析，可以有助于我们观察语言的全貌，发现语言有普适性的特点。但是汉语广告和英语广告也有很多不同特性，这些特性值得我们做类型的区分，以便于更好的指导语言学习和语言应用。我们的发现主要集中在：

首先，汉英广告都注重词汇的创新性。语言结构的固定性和语言运用的习惯性使人们的感觉与知觉形成一种惯性与惰性，这种惯性与惰性容易使得人们对一般的语言作品麻木迟钝，熟视无睹。而要激活人们的感受，触发人们的兴趣，语言的创新手法无疑是最重要的方式。广告语的创新性，主要是通过对语言常规常识的有意偏离，从音、形、义方面进行超常使用，造成受众语言理解与感受上的陌生，从而激发起人们对于广告内容的兴趣，这在中西广告语言创作中都被广泛使用。但是因为文化的独特性，汉英广告语言进行词汇创新也体现了各自的特点：

1. 汉语广告和英语广告都有利用同音或近音替换来达到词汇创新目的的例子。但是表现形式不一样。汉语广告多利用已有的汉字对习语进行谐音替换，达到语形语音创新，语义延伸的效果；而英语多利用谐音错拼，语形有创新，但是语音语义没有变化。这是因为英语属于拼音文字，拼音文字纯是一种符号，这种文字直接反映读音，同音近音的依存词意义会南辕北辙，只能通过错拼，使消费者通过语音的中介，激活记忆中存储的语义，达到信息的通达；而汉语属于表意文字，文字经历了图画—象形—会意—形声等衍化，汉字字形信息在词义通达中起着重要作用。基于此，在利用成语进行谐音替换时，消费者可以直接从替换的文字形态信息中直接提取意义，配合成语的固有信息，达到语义丰富、新颖的目的。

另外汉语广告通过叠音连续重复、间隔重复等手段来实现词汇创新。而英语广告中也存在音节重复、逆反复的手段，来增强广告音美的效果，但是很少出现同音重复。这其中有语言系统特点的原因，也有民族文化和审美传统的原因。

2. 在形的创新上，英语广告利用英语语义和语法的曲折变化的特征，常运用派生法来生成新的词形词义；复合构词体现出了修饰语前置倾向性，这有点接近汉语的特点，体现了语言表达和思维过程的一致性；同时还有拼缀法、缩略法等，都是直接在词形上做文章，充分发挥了英语形态丰富的特点。而与之不同，汉语的字形具有稳定的特点，但是单字具有灵活的自由度和搭配性，通过拆义、复合等变化，获得新颖感和音律感。

3. 在义的创新上，汉语和英语体现了很强的文化相似性，都是利用延伸、旧词新用、贬词褒用等方式来获得新义。但是因为汉语的词性很模糊，兼义现象很普遍，不好判断是名词还是动词或是形容词，从这点上来说，英语的词性因为相对稳定，所以延伸现象是广告语言一个重要的特征。

除了创新性，广告语言的经济性特征也是汉英广告的又一个共同特征。这主要通过语言的模糊化和省略性来体现。

模糊性在广告中通过使用模糊性修饰语、模糊性限制语和抽象概念等来体现。但是汉语广告和英语广告在表现形式上有不同的特点。

其中省略句的使用是兼具模糊性和省略性的典型句式。汉英广告在省略成分上体现了各自的不同：

1. 主语成分的省略。中西方有着不同的文化渊源。西方民族的“海洋文化”强调“主客分离、人物分立”，而汉民族的“大陆文化”强调“天人合一”。这一点突出表现在英语少省主语，汉语多省主语上。此外，还由于汉语是以意合为主的语言，只要能达意，省略的时候不必考虑语法或逻辑关系。所以汉语中主语省略最为常见。而英语讲究形合，有严谨的主谓结构，句式呈“聚集型”，所以英语通常每句都有主语，人称代词作主语往往多次出现。

2. 谓语成分的省略。英语常常承前省略相同的谓语动词或谓语动词词组的一部分，这体现了印欧语言有明显形式标记的特点。就省略而言，由于英语是以形合为主的语言，因而英语中的省略多数伴随着形态或形式上的标记。但在类似的情况下，汉语一般不省略谓语。正因为汉语意合的特点，使得汉语在谓语部分的省略慎之又慎。此外汉语排比还讲究视觉上的均衡美和语音上的气势美、音韵美，这也使得谓语一般不省略。

3. 连接词省略的差异。汉英语省略的差异还表现在连接词上。如上所述，英语重显性，句中的连接手段频繁使用，有严密的形式逻辑。而汉语重意合，造句少用甚至不用形式连接手段，仅靠词语和句子内涵意义的逻辑关系，便能构成连贯的语篇。汉英在连接词的省略上差异很大。英语重显性，多用连接词，而汉语的逻辑关系多隐藏在句中，少用甚至不用连接词。

除了新颖、简洁的语言特点，广告语言的另一个特点——生动也是很重要的，而这往往通过多样化的修辞手段来实现。汉英广告语言在修辞上都具有多样化的特点，但是由于修辞要迎合本族人的审美，所以它们也具有很多鲜明的文化特质。比如：

1. 为了营造音美，汉英广告使用了不同的用韵手段。英语是音美的语言，为了体现语言的节奏感，广告中频用头韵是一大特色。而汉语由于诗文的传统、本身的平上去入声调特征、单音节语素的优势，以重视韵脚为特征。

2. 为了达到形美，汉语广告中有大量的对偶句，既能互文见形——两部分的词性、音韵、修辞等方面都呼应、相对应，互为依据，又能互文见义——通过上下文的照应帮助确定本来模糊的语义。这体现了汉民族注重整体思维和辩证思维的特点。英语广告中有大量的平行结构或排比结构，但是受音节的限制，很难像中文一样做到严格对仗，它更多关注的是内容上的对应。另外，汉语的回文和顶真是汉语广告中特有的修辞手段，利用了中文语序松散，属于语义型语言的特点。而英语必须通过显性的词法、句法或是形态（形式）来帮助读者确定意义，所以很难实现回文和顶真这样的句子形式。

3. 在意美方面，汉英广告都存在夸张和双关这样的修辞手段。在双关上，英语使用同形同音异义双关的现象更多，因为欧洲语言中有密切的亲族关系，造成了英语中大量同音同形异义词的存在，这为英语广告中的双关运用提供了很多的方便。而汉语双关语多利用同音（异形）字，单音的汉字本身又是表意单位，这就为谐音双关大开了方便之门。而因为民族文化的特点，汉语的双关用作含蓄委婉表达方式的居多，而英语的双关以表现幽默风趣的为多。在使用夸张手法上，英文广告的夸张偏具象——利用数词、比较、比喻或者形容词副词。夸张的特点是注重理性分析、强调修辞的精密型和严谨性，在对现实生活某一具体细节的夸大描述中，突出修辞的戏剧效果。而汉语广告的夸张偏感性、重渲染、比较写意。

我们明确提出，汉英广告在语用认知方面都具备：审美愉悦功能、信息压缩功能、时代同步功能和文化承载功能。在文化承载方面，汉英广告体现出了明显的文化独特性和文化交融性。

文化独特性是汉语广告文化和英语广告文化的存在基础。首先，汉语广告体现了汉民族“天人合一”的和谐整体观；而西方广告更多地强调对自然的征服和超越。其次，汉语广告中更多地强调他人、集体和国家的利益，个人的利益统一在集体、家国的利益之中；而英语广告体现了西方“海洋文化”的“人物分立”的外向进取思维，更多的关注个体，个人主义被当作一种美德而得到推崇，隐私和自由权利成为广告渲染和烘托的重要元素。同时，汉民族崇拜权威的文化心理也体现在汉语广告中，表现为标榜自己得到了政府或者权威机构的赞许，而英语广告对此不甚关注，甚至有时用调侃的语气提及权威，更注重个体感受和个人经验，讲求实际。

当然随着全球化的进程，汉英广告体现出越来越多的文化交融性，体现在词汇创新、句式特点、文化意象借用等各个方面。

8.2　研究的不足

广告是一种特殊的语体，它既具有语言学研究的价值，也具有商业研究价值。进行汉英对比，所涉及的语言现象和特点庞杂而繁复。本文的论题“汉英广告语言的对比研究”其中涉及到的很多方面都可以被单独抽出来，做进一步的研究和探讨。另外，有些方面已经被语言学或者广告学领域的专家深入地研究过，很难再有出新的地方。有的方面在学界本身就很有争议，难以简单地给出定论。受笔者本身语言学知识偏狭、研究能力有限、语料收集难免以偏概全等所限，在研究的过程中存在很多语义不尽之处和疑惑难解之处。笔者虽然参阅了大量的文献资料，对很多问题作了补课，但是在运用语言学理论时仍不能避免一知半解和言辞不当之处，在深入分析语言现象时还有捉襟见肘的尴尬，在文献综述和观点分析时仍然存在不够深入不够透彻的问题。

在词汇创新问题上，本文试图从语音、词性、词义三个方面进行汉英广告词汇创新的对比和总结分析，但是语音方面仅涉及到了音节方面，而对于音律、音强等其他的方面并没有涉及到，这囿于笔者在音韵学、语音学方面的知识欠缺，未能深入，实为遗憾。

在句式经济性问题上，本来打算从模糊性、省略现象和隐形连贯三个方面进行探讨，但是因为精力所限，只完成了前两项的对比研究。另外因为省略属于比较独特的语法现象，在进行语料判定和分析的时候，也是遭遇了很多困难，在行文中难免出现疏漏和错误。

在修辞多样性的问题上，本文试图从音美、意美、形美三个方面进行对比研究，但是这样对于有些修辞格的归类就可能出现边界不清的问题。如比喻、反复等修辞格因为在之前的词汇讨论和句式讨论都涉及过，所以虽然是很重要的修辞格，但是也不好再重复地探讨。

本文试图从对比语言学的角度，运用应用语言学的视角和研究方法，对汉英广告语言中，特别是最近十年出现的变化和特点以及发展趋势做一总结，但是由于时间、精力和能力所限，只能局限于几个方面，希望在以后的研究中，能够把视野放得更开阔，把研究进行得更深入。

参考文献

蔡基刚：汉英写作修辞对比［M］，上海：复旦大学出版社，2003

蔡长虹：改革开放以来汉语若干重要发展倾向研究，博士学位论文，中国传媒大学，2008

曹合建：英汉语言文化对比研究，上海：上海外语教育出版社，1996

曹志耘：广告语言艺术［M］，长沙：湖南师范大学出版社，1992

《辞海》，2000，上海：上海辞书出版社

常宝儒：论汉字属性［A］，现代汉语用字信息分析［C］，陈原主编，上海：上海教育出版社，1993

陈定安：英汉比较与翻译（增订本）［M］，北京：中国对外翻译出版公司，1998

陈嘉映：语言哲学［M］，北京：北京大学出版社，2003

陈建民：中国语言与中国社会［M］，广州：广东教育出版社，1999

陈培爱：中外广告史［M］，北京：中国物价出版社，1997

陈培爱：如何成为杰出的广告文案撰稿人［M］，厦门：厦门大学出版社，1995

陈望道：修辞学发凡［M］，上海：上海教育出版社，2006

陈伟英：省略与省力［J］，浙江大学学报（人文社会科学版），2005年第35卷第6期：177-183

陈先枢：实用广告辞典［M］，长沙：湖南科学技术出版社，1993

陈云冈：品牌观察［M］，北京：中信出版社，2002

储佩诚：广告语创意与表现技巧［M］，北京：立信会计出版社，1998

大卫·奥格威：Ogilvy论广告［M］，曾晶译，北京：机械工业出版社，2003

邓思颖：经济原则和汉语没有动词的句子［J］，现代汉语，2002（1）

邓延昌，刘润清：语言与文化——汉英语言文化对比［M］，北京：外语教学与研究出版社，1989

丁建新：预制性语言在广告语域中的话语分析［M］，上海：上海外语教育出版社，2007

丁俊杰：现代广告通论［M］，北京：中国物价出版社，1997

端木义万：美国传媒文化［M］，北京：北京大学出版社，2001

冯胜利：汉语的韵律、词法与句法［M］，北京：北京大学出版社，1997

冯胜利：汉语韵律句法学［M］，上海：上海教育出版社，2000

付龙飞：英语广告的句法特征及其功能分析［J］，河南教育学院学报，2005（4）

高丽桃：试论现代汉语省略句［D］，硕士论文，内蒙古师范大学，2004

高名凯：汉语语法论［M］，北京：北京商务印书馆，1986

顾绍熙：英语省略结构［J］，外国语，1981（3）

国家教委高教司组：中国文化概论［M］，北京：北京师范大学出版社，1999

韩德昌等：广告理论与实务［M］，天津：天津大学出版社，1997

何九盈：中国古代语言学史［M］，广州：广东教育出版社，2000

何善芬：汉英语言对比研究［M］，上海：上海外语教育出版社，2002

贺又宁：时尚词语界说［J］，贵州民族学院学报，2003（6）

洪贤智：中国香烟广告研究［D］，博士学位论文，人民大学，2007

侯维瑞：英语语体学［M］，上海：上海外语教育出版社，1988

胡鸿雁：汉英省略现象的对比［D］，硕士论文，上海师范大学，1999

胡明扬：词类问题考察［M］，北京：北京语言文化大学出版社，1996

胡曙中：汉英修辞比较研究［M］，上海：上海外语教育出版社，1993

胡曙中：汉语字基语法［M］，上海：复旦大学出版社，2003

胡曙中：汉英传媒话语修辞对比研究［M］，郑州：郑州大学出版社，2007

户晓辉：论中国人“象思维”的审美心理属性［M］，山东大学学报（哲学科学版），2000（4）

胡永芳：国际广告文化与翻译［J］，译者文苑，2007（3）

黄国文：语篇分析的理论与实践：广告语篇研究［M］，上海：上海外语教育出版社，2004

黄磊：广告文化附加值的符号学解读［J］，当代传播，2004（1）

黄南松：省略和语篇［J］，语文研究，1997（1）

黄勤，罗选民：论英语无动词小句在文学和广告语篇中的功能和翻译［J］，西安外国语学院学报，2002（4）

黄昀：英汉省略修辞对比［J］，牡丹江大学学报，2008 第 17 卷第 2 期

黄昀：英汉省略对比及翻译［J］，皖西学院学报，2008 第 24 卷第 1 期

胡屹：广告学全书［M］，北京：中国社会出版社，1999

蒋华：广告语言与修辞［M］，兰州：甘肃教育出版社，2007

纪诚：语言与文化综论［A］；顾嘉祖等：语言与文化［C］，上海：上海外语教育出版社，1986

靳涵身：诗型广告翻译研究［M］，成都：四川大学出版社，2004

金涛声，徐舟汉：中外广告精品探胜［M］，北京：国际文化出版公司，1995

李定坤：汉英词格对比与翻译［M］，武汉：华中师范大学出版社，1994

李国南：汉英修辞格对比研究［M］，福州：福建人民出版社，1999

李瑞进、劳惠仪：广告的语言艺术［M］，武汉：武汉测绘科技大学出版社，1994

黎锦熙：新著国语文法［M］（首印于 1924），北京：商务印书馆，1982

连淑能：汉英对比研究［M］，北京：高等教育出版社，1993

连淑能：论中西思维方式［A］，刊于《汉英语比较与翻译 4》［C］，上海：上海外语教育出版社，2002

廖秋忠：现代汉语支配成分的省略［J］，中国语文，1984（4）

林乐腾：广告语言［M］，济南：山东教育出版社，1992

林相周：英语省略句的理解和翻译［J］，外国语，1984（1）

林一顺：广告语言设计艺术［M］，南京：河海大学出版社，1997

刘芳：中英文广告中“滑溜词”的对比分析［D］，硕士论文，华中师范大学，2006

刘金玲：英汉双关语结构对比研究［J］，外语与外语教学，1999(9)

刘宓庆：汉英对比研究与翻译［M］，江西教育出版社，1991

刘宓庆：汉英对比研究的理论问题（上）［J］，外国语，1991(5)

刘宓庆：汉英对比研究的理论问题（下）［J］，外国语，1991(5)

刘艳春：电视广告语言——类型与创作［M］，北京：中国经济出版社，2004

刘重德：汉英语比较与翻译［M］，青岛：青岛出版社，1998

陆卫明，韩鹏杰，张蓉：中国文化的艺术精神［M］，西安：西安交通大学出版社，2001

骆小所：现代修辞学［M］，昆明：云南人民出版社，1994

罗风：中外广告语［M］，长沙：湖南文艺出版社，1995

罗立、罗彬彬：烟品广告的奥秘［M］，广东：广东经济出版社，2003

吕叔湘：中国人学英语（1947）［M］，北京：中国社会科学出版社，2005

吕叔湘：汉语语法分析问题［M］，北京：商务印书馆，1979

吕叔湘：汉语句法的灵活性［J］，中国语文，1986（1）：1–9

吕叔湘：中国文法要略（新1版）［M］，北京：商务印书馆，1982

吕叔湘：通过对比研究语法［A］，收入《汉英对比研究论文集》［C］，杨自俭，李瑞华编，上海外语教育出版社，1990

聂仁忠：广告语言艺术［M］，淄博：石油大学出版社，1989

潘文国：汉英对比研究一百年［J］，世界汉语教学，

2002（1）

潘文国：汉英语对比纲要［M］，北京：北京语言文化大学出版社，1997

潘文国：字本位与汉语研究［M］，上海：华东师范大学出版社，2002

潘文国：危机下的中文［M］，沈阳：辽宁人民出版社，2008

阮恒辉：广告语言运用［M］，北京：中国大百科出版社，1995

邵敬敏：广告实用写作［M］，上海：华东师范大学出版社，1991

邵志洪：汉英语研究与对比［M］，上海：华东理工大学出版社，1997

邵志洪：汉英平行结构对比研究［J］，四川外语学院学报，2001（5）

邵志洪：汉英对比翻译导论［M］，上海：华东师范大学出版社，2005

沈家煊：语用法的语法化［J］，外语教学与研究，1994（4）

申小龙：中国句型文化［M］，长春：东北师范大学出版社，1988

申小龙：汉语句型研究［M］，海口：海南人民出版社，1995

申小龙：语文的阐释［M］，沈阳：辽宁教育出版社，1995

申小龙：中国文化语言学丛书［Z］，广州：广东教育出版社，1996

申小龙：汉语语法学［M］，南京：江苏教育出版社，1996

申小龙：语言学纲要［M］，上海：复旦大学出版社，2003

索绪尔：普通语言学教程［M］，高名凯译，北京：商务印书馆，1980

施关淦：关于省略和隐含［J］，中国语文，1994（2）

史仲文：汉语是这样美的［M］，北京：北京工业大学出版社，2007

苏新春：文化语言学教程［M］，北京：外语教学与研究出版社，2006

王彬彬：汉字在现代广告中的应用研究［D］，硕士论文，吉林大学，2008

王军元：广告语言［M］，上海：汉语大辞典出版社，2005

王力：中国现代语法［M］（1944），北京：商务印书馆，1979

王力：中国语法理论（《王力文集》第一卷），济南：山东教育出版社，1984

王秋野：英语书面语中的省略句以及与语境的关系［J］，浙江师范大学学报（社科版），1994（5）

王维贤：现代汉语语法理论研究［M］，北京：语文出版社，1997

王维贤：说省略［J］，中国语文（6），1985

王漫宇：广告语言艺术［M］，北京：北京地震出版社，1998

王世德：商业文化与广告美学［M］，北京：中国经济出版社，1995

王希杰：汉语修辞和汉文化论集［Z］，南京：河海大学出版社，1996

王希杰：汉语修辞学［M］，北京：北京出版社，1983

王宗炎：对比分析与语言教学，1983，见李瑞华主编《英汉语言文化对比研究》，上海：上海外语教育出版社，1996

汪清 & 何玉杰：中外广告史［M］，长沙：湖南大学出版社，2007

魏彩霞：浅谈国际贸易总商标的翻译［J］，中国翻译，1997（3）

魏志成：英汉语比较导论［M］，上海：上海外语教育出版社，2003

吴礼权：论夸张表达的独特效应与夸张建构的心理机制［J］，扬州大学学报（人文社会科学版），1997（4）

伍铁平：模糊语言学［M］，上海：上海外语教育出版社，1999

吴为章：新编普通语言学教程［M］，北京：中国传媒大学出版社，1999

吴满意：广告文化［M］，北京：中国经济出版社，1995

肖元珍，薛秋宁：从文化视角看汉英夸张的差异［J］，广西社会科学，2005（2）

徐通锵：语义句法刍议［A］，80年代和90年代中国现代汉语语法研究［C］，北京：北京语言学院出版社，1997

徐通锵：语言论——语义型语言的结构原理和研究方法［M］，长春：东北师范大学出版社，1997

徐通锵：汉语的特点和语言共性的研究［J］，语文研究，1999（4）

徐通锵：对比和汉语语法研究的方法论［J］，语言研究，2001（4）

徐秋英：现代广告修辞［M］，北京：中国经济出版社，1998

许国璋：许国璋论语言［M］，北京：外语教学于研究出版社，1991

许倩：浅谈模糊词在广告语中的修辞功效［J］，安徽文学，2009（1）

许余龙：对比语言学概论［M］，上海：上海外语教育

出版社，1992

许余龙：对比语言学［M］，上海：上海外语教育出版社，2002

夏晓鸣，王菁：广告文化概论［M］，北京：中国档案出版社，1998

现代汉语词典（汉英双解）［Z］，北京：外语教学与研究出版社，2002

谢文怡：英语广告语篇中的含糊现象探析［J］，国际商务研究，2005（3）

邢福义：文化语言学［M］，武汉：湖北教育出版社，1990

徐鹏 等：修辞和语用——汉英修辞手段语用对比研究［M］，上海：上海外语教育出版社，2006

徐宜良：英语词汇变异及其文体功能［J］，西南民族大学学报（社科版），2005（9）

杨冰：广告英语中的双关语［D］，硕士论文，对外经济贸易大学，2001

杨鸿儒：当代中国修辞学［M］，北京：中国世界语出版社，1997

杨先顺：当代中国广告语创作的发展轨迹［J］，当代传媒，2004（6）

杨元刚：英汉词语文化语义对比研究［D］，博士学位论文，华东师范大学，2005

杨自俭、李瑞华：汉英对比研究论文集［C］，上海：上海外语教育出版社，1990

於春：处处放光彩——成功广告语访谈录［M］，北京：中国经济出版社，2003

於春：有创意才有时尚——成功广告语访谈录［M］，北京：中国经济出版社，2004

於春：只要你想——成功广告语访谈录［M］，北京：中国经济出版社，2005

于根元主编：广告语言教程［C］，西安：陕西人民教育出版社，1998

于根元：二十世纪的中国语言应用研究·广告语言课题研究纲要和补［M］，北京：书海出版社，1996

于根元：广告语言规范［M］，北京：语文出版社，1995

于根元、龚千炎、季恒铨、刘一玲合编：广告、标语、招贴……用语评析 400 例［M］，北京：中国社会科学出版社，1992

于根元主编：广告语言概论［C］，北京：中国广播电视出版社，2007

于根元主编：中国现代应用语言学史纲［C］，北京：中国经济出版社，2005

于根元：20 世纪的中国应用语言学研究［J］，语言教学与研究，1998（4）

于根元：新词新语和语言规范［J］，语文建设，1995（5）

于根元：应用语言学的基本理论［J］，语言文字应用，2002（1）

于根元等：新词新语基本规范原则［J］，语言文字应用，2003（1）

于根元：语言是开放的梯形结构［J］，汉语学报，2005（2）

赵宏：广告言语艺术［M］，北京：中国经济出版社，2004

赵世开：浅谈英语和汉语的对比研究［J］，外国语教学，1979（3）

赵世开：英汉对比中微观与宏观的研究［J］，外国语文教学，1985（1、2）

赵世开：当前汉语中的变异现象［J］，语文建设，1988（1）

赵世开：汉英对比语法论集［C］，上海：上海外语教育出版社，1999

张克礼，刘春建：英语中的省略现象［M］，天津：天津人民出版社，1983

章礼霞：从广告语的角度看中西文化的差异与交融［J］，外语与外语教学，2000（11）

张维友：汉英语言对比研究综论［J］，华中师范大学学报（人文社会科学版），第45卷第1期

张婉崇：广告创意与语言艺术［M］，北京：北京光明

日报出版社，1997

张玉来 & 程凯：汉语言文字规范化研究与指导［M］，济南：山东教育出版社，1993

张大镇，吕蓉：现代广告管理［M］，上海：复旦大学出版社，1999

张家禄：汉语声调在言语可懂度中的重要作用［J］，声学学报，1981（1）

张英岚：广告语言修辞原理与赏析［M］，上海：上海外语教育出版社，2007

张志公：修辞概要［M］，上海：上海教育出版社，1982

张志公：张志公自选集（上下册）［M］，北京：北京大学出版社，1998

甄晓婕：试析英语词汇中的变异现象［J］，怀化学院学报，2007（11）

周建民：广告修辞学［M］，武汉出版社，1998

周建民：汉语书面广告中的新词语时尚词语运用［J］，汉江大学学报，2005（6）

祝传芳：英语广告语中的词汇模糊现象分析［J］，黄石理工学院学报，2005 第 25 卷第 5 期

朱德熙：语法讲义［M］，北京：商务印书馆，1985

朱永生等：系统功能语言学多维思考［M］，上海：上海外语教育出版社，2001

朱永生：汉英语篇衔接手段对比研究［M］，上海：上

海外语教育出版社，2001

朱山军：汉英语言文化对比与广告翻译［M］，北京：中国翻译对外出版公司，2007

邹欣欣：英语广告语的语言特征［J］，云梦学刊，2003（6）

Altstie, Tom&Grow,Jean. Advertising Strategy [M]. California: Sage Publications Inc. 2006

Broeck, R. & A. Lefevere. Descriptive Translation Study [A]. in Even-Zohar, I. eds,. Papers in Historical Poetics. Tel Aviv: Porter Institute for Poetics and Semiotics, 1979

Bloomfield, L. Language [M]. New York: Hold, Rinehart and Wilson, 1993

Bovee, Courtland, William F. & Arens Bovee. Contemporary Advertising (forth edition) [M]. McGraw-Hill School Education Group, 1994

Chao, Wynn. On Ellipsis [M]. New York &London: Garland Publishing, Inc. 1988

Channel, Joanna. Vague Language [M]. Oxford: Oxford University Press, 2001

Cook, Guy. Language play in advertisements: some implications for applied linguistics [J]. Evaluating Language. BAAL Studies in Applied Linguistics 9. British Association for Applied Linguistics in association with Multilingual

Matters:102-116

Cook, Guy. The Discourse of Advertising [M]. London: Rourtledge,2001

Cook, Guy. The Language of Advertising Volume I, II, III, IV[C]. London and New York: Routledge, 2008

Crystal, D. Language Play [M]. Harmondsworth: enguin, 1998

Curt, James. The Impact of Idealized Images in Advertising [M]. Michigan: Ann Arbor Publishing, 1998

David Machin and Joanna Thornborrow[J], 2003, Discourse and Society, 14,453-471

Dyer, G. Advertising as Communication [M]. London: Methuen, 1982

Elsa S.L.Freitas, Taboo in Advertising: A Textual Study of Portuguese and UK Magazine and Television Advertisements [D], unpublished PhD thesis, University of Lancaster, 2002

Evans, Bergen. A Dictionary of Contemporary American Usage [M]. Random House, 2000

Fairclough, Nornam. Language and Power [M], London: Longman, 1989

Finnegan, Ruth. Communicating-The Multiple Modes of Human Interconnection [M], London: Routledge, 2002

Geis, Michael L. The Language of Television Advertising

[M]. New York: Academic Press, 1982

Goffman, Erving. Gender Advertisements [M]. London: Longman, 1979

Greenbaum, S & C.F. Meyer, Ellipsis and Coordination. Norms and Preference [J], Language and Communication 2, 137-149, 1982

Gulas, Charles S. &Weinberger,Marc G. Humor in Advertising [M]. New York: M.E.Sharpe, Inc, 2006

Gunter, R. Elliptical Sentences in American English [J], Lingua 12, 137-150, 1963

Halliday, M. A. K. An Introduction to Functional Grammar [M]. London: Edward Arnold, 1985

Halliday, M. A. K & R. Hasan. Cohesion in English [M]. London: Longman, 1976

Halliday, M. A. K. Language structure and language function [A], in J.Lyons ed., New Horizons in Linguistics [C]. Harmoudsworth: Penguin Books, 1970

Hartman,R.R.K.& Stork,F.C. A Dictionary of Language and Linguistics [Z]. Applied Science Publishers,1976

Karlsen, R. Studies in the Connection of Clause in Current English [M]. Heidelberg:Groos, 1959

Kelly-Holmes, Helen. Advertising as Multilingual Communication [M]. London: Palgrave Macmillan, 2004

Leech, G.N. English in Advertising [M]. London: Longman,1966

McQuarrie, E.F. and David Glen Mick, Figures of rhetoric in advertising language[J], Journal of Consumer Reseqrch,22

Myers, Greg. Advertising Language Varieties and its Social Contexts [M] . London : Paul Ltd , 1994

Myers, Greg. Words in Ads[M]. London: Arnold,1997

Ogilvy,David. Ogilvy on Advertising[M]. London: Prion, P217 "I preedict 13 changes"; p206-216 "What's wrong with advertising", 1985

Quirk, R., Greenbaum, S. , Leech, G. , & J. Svartvik. A Comprehensive Grammar of The English Language [M]. London: Longman, 1985

Redfern, Wallter. Puns [M]. Oxford: Blackwell, 1985

Sander, G. A. A Functional Typology of Elliptical Coordination [A]. in Current Themes in Linguistics [C], ed. F.Echman, 241-270, Washington D.C.: Hemisphere, 1977

Schmetterer, Bob. A Revolution in Creative Business Strategy [M]. Hoboken: N.J, Wiley, 2003

Sivulka, Juliann. A Cultural History of American Advertising[M]. California: Wadsworth, 1998

Stalnaker. R. Pragmatics [A], In Davidson, Donald and Harman, Gilbert, eds., Semantics of Natural Language [C].

Dordrecht: Reidel, 1972

Supple, Jack. 100 Years of Harley-Davidson Advertising [M]. Boston: Ma, Bulfinch Press/ Time Warner Book Group, 1997

Tanaka, Keiko. Advertising Language: A Pragmatic Approach to Advertisements in Britain and Japan [M], London: Routledge,1994

Ullmann,S. Semantics:An Introduction to the Science of Meaning [M].Oxford: Basil Blackwell, 1962

Umiker-Sebeok, J. Marketing and Semiotics [M]. Amsterdam: Mouton de Gruyter,1987

Vestergaard, Torben & Schrder, Kim: The language of Advertising [M]. Oxford, New York, USA: B. Blackwell, 1985.

Widdowson, H.G. Procedures in Discourse Processing [A], Exploration in Applied Linguistics Two [C]. , Oxford: Oxford University Press,1984